中学校
新学習指導要領

理科の授業づくり

宮内 卓也
Miyauchi Takuya

明治図書

まえがき

　生徒たちの「わかった！」「そうか！」「やっぱり！」という声が聞こえてくるような授業があります。
　課題を解決するための糸口を見つけたときや，予想通りの結果になったとき，実験結果について考察する見通しが立ったときや，原理や法則を用いて身の回りの事象を説明できそうなときなどです。そんなとき，生徒たちは花が咲いたような表情になります。授業者の心が躍る瞬間です。
　一方，経験に裏打ちされた豊かな話題と巧みな話術で生徒を惹きつける講義型の授業もあります。生徒はうなずきながら，真剣な眼差しを向け耳を傾けます。
　このように，よい授業にもいろいろありますが，共通していることは，主役である生徒の学ぶ姿が見えることなのだと思います。

　平成29年の３月に，新しい学習指導要領が告示されました。平成33年度から全面実施となりますが，そのうちの一部は移行措置として先行実施されることになっています。新学習指導要領をにらんだ授業のあり方について，様々なところで議論が始まっていることでしょう。
　新学習指導要領では，知識及び技能の習得と思考力，判断力，表現力等の育成のバランスを重視した現行の学習指導要領の枠組みや教育内容を維持しながら，資質・能力の育成を目指した改訂が進められました。教育課程全体を通して育成を目指す資質・能力を，
ア　何を理解しているか，何ができるか（生きて働く「知識・技能」の習得）
イ　理解していること・できることをどう使うか（未知の状況にも対応できる「思考力・判断力・表現力等」の育成）
ウ　どのように社会・世界と関わり，よりよい人生を送るか（学びを人生や社会に生かそうとする「学びに向かう力・人間性等」の涵養）

の「三つの柱」に整理し，そのうえで，理科においてどのような資質・能力を育成するのかが問われています。理科の目標が「三つの柱」で示されていること，内容が「知識及び技能」をア，「思考力，判断力，表現力等」をイとして分けて示されていることは，今回の改訂の特徴をよく表しています。

　理科は自然の事物現象に働きかけながら，観察，実験を通して課題を解決していくという特徴をもった教科です。教育課程全体で資質・能力の育成が重視されていますが，理科はそのフロントランナーと言っても過言ではありません。これまでにも数多くの実践が積み重なっているので，宝の山を生かしながら，さらによりよい授業づくりを目指していきたいものです。

　一方，日頃から当たり前のように行ってきた実践について，改めて問い直してみることも大切だと思います。例えば，実験の目的を設定することは大切ですが，授業者から一方的に与えられた目的なのか，生徒が自然事象と関わる中から生まれた目的なのかによって，生徒が活動する様相は大きく変わります。実験方法についても，料理のレシピのごとく与えられた方法なのか，目標と照らし合わせながら生徒が検討を加えた方法なのかによって，やはり，生徒の様相は変わります。観察，実験を行うことは大切なことですが，形式だけに流されていないか，改めて問い直してみたいものです。

　多忙な中，一人の先生の努力だけで指導の改善を図ることには限界があります。校内や地域の研究会などで授業づくりについて検討する機会をもつなど，成果や課題を相互に共有していくことが大切です。同時に，教員の本来の重要な仕事である授業について，その計画や準備に十分な時間を費やせるよう，健全な職場環境を整えていくことも大切であると感じています。この点は，関係諸機関にも，強くお願いしたいところです。

　本書が，新しい学習指導要領における授業づくりのお役に立てば幸甚です。

2018年5月

宮内　卓也

目次

まえがき

第1章
新しい学習指導要領の概要

❶学習指導要領改訂の基本的な考え方……………………………………008
❷育成すべき資質・能力……………………………………………………014
❸理科の見方・考え方………………………………………………………018
❹探究の過程…………………………………………………………………022
❺主体的・対話的で深い学び………………………………………………024
❻カリキュラム・マネジメント……………………………………………028

第2章
資質・能力の三つの柱と授業づくり

❶知識及び技能と授業づくり………………………………………………032
❷思考力，判断力，表現力等と授業づくり………………………………040
❸学びに向かう力，人間性等と授業づくり………………………………046

第3章
学習内容の改訂と授業づくり

❶物理領域の内容の改訂と授業づくり……………………………………052
❷化学領域の内容の改訂と授業づくり……………………………………058
❸生物領域の内容の改訂と授業づくり……………………………………066
❹地学領域の内容の改訂と授業づくり……………………………………072

第4章
理科の見方・考え方と授業づくり
❶「理科の見方・考え方」とは……………………………………………………078
❷物理領域―力の合成・分解を例として………………………………………080
❸化学領域―酸化還元反応を例として…………………………………………086
❹生物領域―生物の分類を例として……………………………………………092
❺地学領域―金星の運動と見え方を例として…………………………………096

第5章
学習過程と授業づくり
❶主体的・対話的で深い学びからの学習過程の改善……………………………104
❷探究的な活動に当たって…………………………………………………………116
❸問題を見いだし,課題を設定する………………………………………………122
❹観察・実験を計画し,結果を分析・解釈する…………………………………126
❺探究の過程を振り返る……………………………………………………………132

第6章
カリキュラム・マネジメントと授業づくり
❶単元をどう配置するか……………………………………………………………136
❷年間計画をどう進めるか…………………………………………………………142

第7章
評価と授業づくり

- ❶定期テストの問題づくりと評価……………………………………146
- ❷定期テストの問題づくりと構成……………………………………150
- ❸実験のワークシートの評価と指導…………………………………154

第8章
教員を目指す学生,若手教師と授業づくり

- ❶教育実習生の指導……………………………………………………158
- ❷若い先生方へ…………………………………………………………162

第 1 章

新しい学習指導要領の概要

CHAPTER
1

第1章

学習指導要領改訂の基本的な考え方

1 時代が変われば,学習指導要領も変わる

　学習指導要領は文部科学大臣が作成する教育課程の大綱的な基準であり,その内容の範囲や程度等を示す事項は,**すべての生徒に対して指導する内容の範囲や程度等を示したもの**であるとされています。戦後,その時代の影響を受けながら,学習指導要領は改訂を繰り返してきました。

　例えば,昭和44年に告示された中学校学習指導要領は,時代の進展に対応して学習内容の充実を図りました。学習内容としては,最も濃密な教育課程であったと言ってもよいでしょう。「教育の現代化」というキーワードで語られる時代です。一方で,知識の詰め込みではないか,との批判も受けました。

　昭和52年に告示された中学校学習指導要領では「新しい学力観」が示され,多様な観点で学力を捉えるようになりました。学習内容も削減されています。こうした流れの中で,一部には知識・理解を軽視する風潮も生まれました。以後,学習内容の削減が続きます。その後,「ゆとり教育」というキーワードも生まれる一方,学力低下が社会的な話題になりました。「本当に学力が低下したのか」という点については議論があるところでしょうが,「学力」が世間で注目されたことは間違いありません。

　私たち理科教育に関わる者としては,学習指導要領の動向に注目することは大切ですが,ただ鵜呑みにするだけではなく,学習指導要領はどうあるべきか,という議論も継続的に行うことが大切だと思います。

2 学校教育法の改訂で「学力の三要素」が示される

平成19年に学校教育法の改正が行われ,第30条2項に以下のような記述が加わりました。

> 生涯にわたり学習する基盤が培われるよう,基礎的な知識及び技能を習得させるとともに,これらを活用して課題を解決するために必要な<u>思考力,判断力,表現力その他の能力</u>をはぐくみ,<u>主体的に学習に取り組む態度</u>を養うことに,特に意を用いなければならない。
>
> 下線は筆者による

下線で示したように,「知識及び技能」「思考力,判断力,表現力その他の能力」「主体的に学習に取り組む態度」の3つの要素があげられていることがわかります。従前は,法律の中で学力の要素が何であるかという点についての言及はありませんでしたが,ここではじめて学力の要素が記され,いわゆる「学力の三要素」として知られるようになりました。

平成20年に告示された中学校学習指導要領のもとでも,評価の観点については3つの要素との関連付けが行われていますが,これまでの評価の観点を継続し,理科では4観点での評価が実施されています。

後に述べるように,平成29年の学習指導要領の改訂では,育成を目指す資質・能力を**「学びに向かう力・人間性等の涵養」「生きて働く知識・技能の習得」「思考力・判断力・表現力等の育成」**の「三つの柱」で整理しており,「学力の三要素」がその背景にあると言えるでしょう。評価の観点についても,今後,見直しが考えられます。

3 資質・能力のバランスを重視した改訂へ

　平成20年に告示された中学校学習指導要領では，理科の授業時数が増加し，授業内容も大幅に増加しました。様々な資質・能力の育成のバランスを重視することをねらいとしており，いわゆる「ゆとり教育」から大きく舵を切った改訂となったと言えるでしょう。

　平成29年版の改訂は，前回の流れの延長線上にあるとも言えますが，内容の削減は行わず，育成すべき資質・能力を明確に示し，具体的な育成の手立てを求めているという点が大きな特徴です。

　学習指導要領の審議に先立ち，中央教育審議会教育課程部会の企画特別部会によって「論点整理」が示され，教科ごとではなく全体を俯瞰した視点で，未来を担う子どもたちに対して育成したい資質・能力を掲げています。「社会に開かれた教育課程」という視点が強調されている点にも注目したいところです。また，学習指導要領の改訂作業の過程においても，同じ教科の小学校，中学校，高等学校のつながりが強く意識されるようになりました。中学生に「どのような資質・能力を育成するのか」という課題に対して，理科がその特性に応じてどのような役割を果たしていくのか，小学校，中学校，高等学校のつながりの中で，中学校がどのような役割を果たしていくのか，ということを考えることが改めて求められていると言えます。

　学習指導要領の変遷を見てみると，その時代によって方針も変化しており，ときには大きく振れていることがわかります。かつて，教育課程に関わる話題の中で，「ゆとり」か「詰め込み」か，二項対立のような形で議論されたことがありました。しかし，**どちらか1つに収束するような単純な問題ではないことは明らか**です。

4 学習指導要領改訂はどこへ向かうのか

下に示すように，教育課程全体を通して育成を目指す資質・能力を「生きて働く知識・技能」「未知の状況にも対応できる思考力・判断力・表現力」「学びを人生や社会に活かそうとする学びに向かう力・人間性等」の3つの柱に整理しています。その背景には先に述べた「学力の三要素」があります。

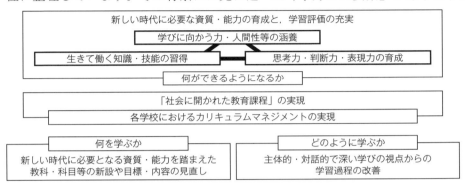

学習指導要領改訂の方向性

※「幼稚園，小学校，中学校，高等学校及び特別支援学校の学習指導要領等の改善及び必要な方策等について（答申）」（平成29年，中央教育審議会）より抜粋したものの一部を簡略化して示している。

　「何を学ぶか」に注目が集まりがちですが，**「どのように学び，何ができるようになるか」という点に踏み込んでおり，育成する資質・能力，学習過程に注目しようとしていることがうかがわれます。**

5　資質・能力の育成の手立てをどう考えるか

　これまでの理科の教育課程に関わる議論は，どちらかと言うと「何を学ぶか」という点が重視され，学習内容が前面に出ている傾向がありました。学習指導要領の改訂期においては，これまでも，新たに加わった項目や削減された項の話題が中心でした。
　理科はしばしば「暗記教科」と称されることがあります。様々な知識を得ることの価値は大いに感じますし，何かについて探究するためには，ある程

度の知識や技能が必要です。しかし，「暗記教科」と言われると，理科教育に携わる者としては抵抗を感じます。改善は進んでいるものの，授業や問題集，入試問題などが知識・理解に偏りがちな面があります。

　今回は，資質・能力を「三つの柱」でより明確に示し，「何ができるようになるのか」，そのために「どのように学ぶか」，という点が強調されています。「どのように学ぶか」という点に関しては，学習過程の改善に向けて，**「主体的・対話的で深い学び」**の視点が示されています。

6 これまでにもやってきたことでは？

　今回の改訂が進む過程で，まったく新しいタイプの授業を考えなければならないのではないか，という雰囲気が一部に生まれています。授業に熱心な先生ほど，その動向を気にされていると感じますが，基本的にはこれまでの蓄積を生かして，より充実させていくという方向性なのだと筆者は考えています。現在でも全国の多くの現場で，熱心な先生方による優れた実践が展開されています。それらの蓄積はぜひ，今後も生かしていきたいものです。

　日本の教育現場で奮闘している理科の先生方は優秀かつ柔軟です。新しい取組についても意欲的に受け止め，研修会等を通して相互に改善を図るという文化があります。このことは，国際的な調査においても高く評価されているところです。

　一方で，それが行き過ぎると，新しい取組について，形式だけが独り歩きし，何のためにそのような実践を行っているのか，その本質が見えなくなってしまうという事例も見られます。

　例えば，「目的意識」の大切さが強調された時代がありました。それ以前よりも板書やワークシートで目的を提示する教師が増え，黒板やワークシート，ノートなどで明確に目的が記されるようになりました。その一方で，目的を教師が形式的に掲示しているだけで，必ずしも主役である生徒自身の目的意識につながっていないのではないか，という批判も生まれました。形式

的なものだけが独り歩きした例と言えます。やはり，授業の導入を工夫したり，生徒の疑問を誘発する発問を吟味したりする中で生徒の目的意識が芽生えるはずであり，本質的なところを見失わないようにしたいものです。

また，最近では話し合い活動が盛んに行われるようになりました。話し合い活動が効果を発揮する授業はもちろんありますが，良質な課題が提示されていなかったり，話し合う生徒が相互に課題を共有していなかったりすれば，「活動あって学びなし」という状況に陥ることもあります。**話し合う必然性をいかに生み出すかが，授業づくりのポイント**と言えるでしょう。

資質・能力の育成に向けて，実のある授業のために，今回の学習指導要領の改訂が日々の学習の過程を見直してみるよい機会と捉えたいものです。

7 よりよい授業を目指して

ここまで，いくつかの観点で学習指導要領改訂について記してきましたが，「生徒にどのような資質・能力を身に付けさせたいのか」を明らかにし，そのためには「何を教えるのか」「どのような過程で学べば，目指すべき資質・能力を身に付けさせることができるのか」「目指している資質・能力は本当に生徒の身に付いているのか」という点を謙虚に振り返り，授業のあり方を見直していくことが求められているのだと思います。

また，校内のカリキュラムの編成に当たっては，資質・能力の育成をベースとした効果的な内容配列を見直す必要もありますし，他教科と共有できる資質・能力については連携を図りながら育成するということも考えられます。また，教室や理科室で経験することが難しい内容については，学校行事などとの連携を図り，深い学びにつなげていくことも考えられます。カリキュラム・マネジメントというと，管理職が中心に関わるというイメージもありますが，**校内の教員同士も相互に連携しながらカリキュラムの検討に主体的に参加していきたい**ものです。

第1章

育成すべき資質・能力

1 理科の目標の示し方が変わった

平成29年版の学習指導要領では，理科の目標が以下のように示されました。

> 　自然の事物・現象に関わり，理科の見方・考え方を働かせ，見通しをもって観察，実験を行うことなどを通して，自然の事物・現象を科学的に探究するために必要な資質・能力を次のとおり育成することを目指す。
> （1）自然の事物・現象についての理解を深め，科学的に探究するために必要な観察，実験などに関する基本的な技能を身に付けるようにする。
> （2）観察，実験などを行い，科学的に探究する力を養う。
> （3）自然の事物・現象に進んで関わり，科学的に探究しようとする態度を養う。

資質・能力の「三つの柱」と対応していることがわかります。(1)は「何を理解しているか，何ができるか（生きて働く「知識・技能」の習得）」に該当し，(2)は「理解していること・できることをどう使うか（未知の状況にも対応できる「思考力・判断力・表現力等」の育成）」に該当し，(3)は「どのように社会・世界と関わり，よりよい人生を送るか（学びを人生や社会に生かそうとする「学びに向かう力・人間性等」の涵養）」に該当します。

2 各内容の示し方も変わった

　平成20年版の学習指導要領では、理科の各内容が以下のように示されています。ここでは「身近な物理現象」を例にあげます。

（1）身近な物理現象
　　身近な事物・現象についての観察，実験を通して，光や音の規則性，力の性質について理解させるとともに，これらの事物・現象を日常生活や社会と関連付けて科学的にみる見方や考え方を養う。

　一方，平成29年版の学習指導要領では，理科の各内容が以下のように示されています。新旧を見比べ，その違いを考えてみましょう。

（1）身近な物理現象
　　身近な物理現象についての観察，実験などを通して，次の事項を身に付けることができるよう指導する。
　ア　身近な物理現象を日常生活や社会と関連付けながら，次のことを理解するとともに，それらの観察，実験などに関する技能を身に付けること。
　イ　身近な物理現象について，<u>問題を見いだし見通しをもって</u>観察，実験などを行い，光の反射や屈折，凸レンズの働き，音の性質，力の働きの<u>規則性や関係性を見いだして表現</u>すること。

下線は筆者による

第1章

3 新旧の学習指導要領の項目の何が変わったのか？

　平成20年版の学習指導要領では、3行で資質・能力について包括して記述していますが、資質・能力の柱が具体的に示されているわけではありませんでした。
　一方、2017（平成29）年版では、「ア」という項目と「イ」という項目が新たに設定され、「ア」は「知識及び技能」に該当し、「イ」は「思考力、判断力、表現力等」に該当します。特に「イ」においては、下線部にあるように、「問題を見いだし見通しをもって」という記述や「規則性や関係性を見いだして表現する」などの具体的な表現が加わっており、**資質・能力や学習過程に大きく踏み込んだ記述になっている**ことがわかります。
　こうした点からも、資質・能力の育成がより重視されていることをうかがい知ることができます。

4 「学びに向かう力・人等間性等」の記述はどこで？

　各内容では、資質・能力の「三つの柱」のうち、「知識及び技能」と「思考力、判断力、表現力等」がそれぞれア、イとして示されていることがわかりました。
　しかし、「学びに向かう力、人間性等」については、特に項目が設けられておらず、内容に関連した具体的な記述がありません。これは、決してこの柱を軽視しているということではありません。
　「学びに向かう力、人間性等」については、個々の内容に大きく依存することがないと考えられるので、**各分野の目標の(3)で示した内容を、そのまま各内容に適用すること**としています。ただし、各内容で特徴的な事項がある場合には、必要に応じてその内容が書き加えてあります。
　このように、各内容の指導計画を作成するうえでは、アとして「知識及び

技能」，イとして「思考力，判断力，表現力等」が示されていますが，項目がなくても，「学びに向かう力，人間性等」の柱も意識していく必要があります。

3 理科の見方・考え方

1 理科における「見方・考え方」とは何か？

中央教育審議会答申では，理科における「見方・考え方」について，以下のように記述されています。

> 理科における「見方・考え方」
> 今回の改訂では，資質・能力をより具体的なものとして示し，「見方・考え方」は資質・能力を育成する過程で働く，物事を捉える視点や考え方として全教科等を通して整理されたことを踏まえ，中学校の理科における「見方・考え方」を，「自然の事物・現象を，質的・量的な関係や時間的・空間的な関係などの科学的な視点で捉え，比較したり，関係付けたりするなどの科学的に探究する方法を用いて考えること」と示している。

平成20年版の学習指導要領では，理科の目標の中に「科学的な見方や考え方を養う」という記述が見られます。このときの「科学的な見方や考え方」は，育成する資質・能力を包括的に示すものでした。

平成29年版の学習指導要領では，資質・能力を「三つの柱」で具体的に示すことになりました。

その一方で，「理科の見方・考え方」は，資質・能力を育成する過程で働く，物事を捉える視点や考え方を指すものとなりました。**従来の学習指導要**

領で使用されていた「科学的な見方・考え方」とは位置付けが異なることに注意が必要**です。

2 「見方」に注目してみると…

平成29年版の学習指導要領解説の中で,「理科の見方・考え方」のうち,「見方」について,以下のように記述されています。

> 理科における「見方（様々な事象等を捉える各教科等ならではの視点）」については,理科を構成する領域ごとの特徴を見いだすことが可能であり,「エネルギー」を柱とする領域では,自然の事物・現象を主として量的・関係的な視点で捉えることが,「粒子」を柱とする領域では,自然の事物・現象を主として質的・実体的な視点で捉えることが,「生命」を柱とする領域では,生命に関する自然の事物・現象を主として多様性と共通性の視点で捉えることが,「地球」を柱とする領域では,地球や宇宙に関する事物・現象を主として時間的・空間的な視点で捉えることが,それぞれの領域における特徴的な視点として整理することができる。
>
> 下線は筆者による

これらの特徴的な視点は領域固有のものではありません。軽重はあるものの,他の領域においても用いることがあるものです。

また,ここでは主なものを例示しており,**示したもの以外の視点もある**ものです。

さらに,**探究の過程では複数の視点を組み合わせて用いることがあること**に留意しておきたいものです。

第1章

3 「考え方」に注目してみると…

平成29年版の学習指導要領解説の中で,「考え方」については,以下のように記述されています。

> 理科における「考え方」については,図1（9ページ）※で示した探究の過程を通した学習活動の中で,例えば,<u>比較</u>したり,<u>関係付け</u>たりするなどの科学的に探究する方法を用いて考えることとして整理することができる。
>
> ※図1は解説中の「資質・能力を育むために重視すべき学習過程のイメージ」を指す。
>
> 下線は筆者による

また,平成29年版の小学校学習指導要領解説では,「考え方」について,「児童が問題解決の過程の中で用いる,比較,関係付け,条件制御,多面的に考えることなどといった考え方を『考え方』として整理することができる」と記されています。

小学校における問題解決と中学校における科学的な探究とは相互に関連しており,「理科の見方・考え方」は思考の枠組みを示しているものと考えることができます。

4 授業づくりに当たって

今後の授業づくりにおいては,どのような場面で「理科の見方・考え方」を働かせ,どのような資質・能力を育成しようとしているのかを明確にしながら指導計画を検討していくようにしたいものです。

例えば,化学領域では,複数の物質を質的に捉え,物質の性質を比較しな

がら課題を解決していく場面がよく見られます。その際，**具体的な見方・考え方の枠組みをもっていなければ，生徒自身で実験の計画をしたり，実験結果を分析したり解釈したりすることができません。**生徒がそうした枠組みをもてるような具体的な手立てを用意しておきたいものです。そして，資質・能力の育成にともなって，生徒たちの「理科の見方・考え方」もまた，より豊かなものになっていくことでしょう。

第1章 4

探究の過程

1 探究の過程

中央教育審議会答申では，理科における「資質・能力を育成する学びの過程」について，以下のように記述されています。

> 資質・能力を育成する学びの過程についての考え方
> 　理科においては，高等学校の例を示すと，課題の把握（発見），課題の探究（追究），課題の解決という<u>探究の過程</u>を通じた<u>学習活動</u>を行い，それぞれの過程において，資質・能力が育成されるよう指導の改善を図ることが必要である。
>
> 下線は筆者による

　探究の過程は，「資質・能力を育成するために重視すべき学習過程のイメージ」（高等学校基礎科目の例）として例示されています（本書 p.118）。そこで示された学習過程は，**必ずしも一方向ではなく，必要に応じて戻ったり，繰り返したりする場合があります。**また，それぞれの過程において主に必要とされる資質・能力を細分化して示していますが，これは1つの例として示されているものです。実践を積み重ねながら，現場の先生方で活発な議論が期待されるところです。

2 探究的な活動の時間をいかに確保するか

　探究的な活動の場を設定するためには，まとまった授業時数が必要になります。今回の改訂では，学習内容は削減されていないので，すべての単元で探究的な活動をていねいに行うと時数が不足することは間違いありません。指導計画を立てる段階では，**探究的な活動としてふさわしい単元を検討し，重点化を図らなければなりません。**

　また，時間の確保が難しい場合でも，**探究の過程の一部を実施するということもできます。**例えば，「問題を見いだし，課題を設定すること」に重点を置く，「実験計画を立てること」に重点を置く，「実験結果を分析して解釈すること」に重点を置く，などといったことです。

3 探究的な活動の意義

　探究的な活動を設定することには，以下のような意義があると筆者は考えています。

・探究の過程を通して，多様な資質・能力を育成する機会が生まれる。
・すでに学んだ知識や技能を活用する機会が生まれる。
・探究の過程を通してきまりや法則等を見いだすことを通して，より深い理解を得る機会が生まれる。
・探究の過程を通して，学習することの意義や有用性を実感する機会が生まれる。

　探究の過程を通して育成される資質・能力も重要ですが，こうした学習過程を経ることで，様々な学習効果が期待されることにも注目したいところです。

主体的・対話的で深い学び

1 「主体的・対話的で深い学び」とは何か？

　中央教育審議会答申では，「『主体的・対話的で深い学び』の実現」について，以下のように記述されています。

> 　「主体的な学び」，「対話的な学び」，「深い学び」の三つの視点から学習過程を更に質的に改善していくことが必要である。なお，これら三つの視点はそれぞれが独立しているものではなく，相互に関連し合うものであることに留意が必要である。その際，自然の事物・現象について，「理科の見方・考え方」を働かせ，探究の過程を通して学ぶことにより，資質・能力を獲得するとともに，「見方・考え方」も豊かで確かなものとなると考えられる。さらに，次の学習や日常生活などにおける科学的に探究する場面において，獲得した資質・能力に支えられた「見方・考え方」を働かせることによって「深い学び」につながっていくものと考えられる。

　「アクティブ・ラーニング」という表現でも大きく取り上げられているキーワードですが，**まったく新しい学習スタイルが導入されるということはありません**。これまでの授業を振り返り，授業を改善していくことが求められているのであり，「主体的・対話的で深い学び」が学習過程をさらに質的に改善していくための視点なのです。

新しい学習指導要領の概要

2 「主体的な学び」に注目してみると…

中央教育審議会答申では,「『主体的な学び』の視点に立った授業改善の視点」について,以下のように記述されています。

> 学ぶことに興味や関心を持ち,自己のキャリア形成の方向性と関連付けながら,見通しを持って粘り強く取り組み,自己の学習活動を振り返って次につなげる「主体的な学び」が実現できているか。
> 子供自身が興味を持って積極的に取り組むとともに,学習活動を自ら振り返り意味付けたり,身に付いた資質・能力を自覚したり,共有したりすることが重要である。

探究の過程を設定することや,生徒が学習の過程を振り返り,自分自身の成長を自覚できるような評価の機会が求められています。

3 「対話的な学び」に注目してみると…

中央教育審議会答申では,「『対話的な学び』の視点に立った授業改善の視点」について,以下のように記述されています。

> 子供同士の協働,教職員や地域の人との対話,先哲の考え方を手掛かりに考えること等を通じ,自己の考えを広げ深める「対話的な学び」が実現できているか。
> 身に付けた知識や技能を定着させるとともに,物事の多面的で深い理解に至るためには,多様な表現を通じて,教職員と子供や,子供同士が対話し,それによって思考を広げ深めていくことが求められる。

第 1 章

　まず自分の考えをもつことは大切ですが，他者の考えに触れることで視野が広がり，物事をより多面的に見ることができるようになる，という経験は多くの人が経験するところです。

　1つの課題についてもいろいろな考えがあり，また実験を行っても，その解釈には幅が見られることがあります。そこで，**対話によって思考を深めるような機会**が求められています。

4 「深い学び」に注目してみると…

　中央教育審議会答申では，「『深い学び』の視点に立った授業改善の視点」について，以下のように記述されています。

> 　習得・活用・探究という学びの過程の中で，各教科等の特質に応じた「見方・考え方」を働かせながら，知識を相互に関連付けてより深く理解したり，情報を精査して考えを形成したり，問題を見いだして解決策を考えたり，思いや考えを基に創造したりすることに向かう「深い学び」が実現できているか。
> 　子供たちが，各教科等の学びの過程の中で，身に付けた資質・能力の三つの柱を活用・発揮しながら物事を捉え思考することを通じて，資質・能力がさらに伸ばされたり，新たな資質・能力が育まれたりしていくことが重要である。教員はこの中で，教える場面と，子供たちに思考・判断・表現させる場面を効果的に設計し関連させながら指導していくことが求められる。

　断片的な知識や技能をただ羅列的に身に付けているのではなく，**知識を相互に関連付ける機会**が期待されています。

　また，**身に付けた知識や技能を活用しながら問題を解決したり，思いや考えを基に新しいものを創造したりする機会**が求められています。

教える場面，生徒たちに思考・判断・表現させる場面の効果的な設計が問われていると言えます。

第1章 6

カリキュラム・マネジメント

1 理科の教員もカリキュラム・マネジメント

平成29年版の学習指導要領解説（総則）では，「各学校におけるカリキュラム・マネジメントの推進」について，以下のように記述されています。

> 各学校においては，教科等の目標や内容を見直し，特に学習の基盤となる資質・能力（言語能力，情報活用能力（情報モラルを含む。以下同じ。），問題発見・解決能力等）や現代的な諸課題に対応して求められる資質・能力の育成のためには，教科等横断的な学習を充実することや，「主体的・対話的で深い学び」の実現に向けた授業改善を，単元や題材など内容や時間のまとまりを見通して行うことが求められる。これらの取組の実現のためには，学校全体として，児童生徒や学校，地域の実態を適切に把握し，教育内容や時間の配分，必要な人的・物的体制の確保，教育課程の実施状況に基づく改善などを通して，教育活動の質を向上させ，学習の効果の最大化を図るカリキュラム・マネジメントに努めることが求められる。
> このため総則において，「生徒や学校，地域の実態を適切に把握し，教育の目的や目標の実現に必要な教育の内容等を教科等横断的な視点で組み立てていくこと，教育課程の実施状況を評価してその改善を図っていくこと，教育課程の実施に必要な人的又は物的な体制を確保するとともにその改善を図っていくことなどを通して，教育課程に基づき組織的

> かつ計画的に各学校の教育活動の質の向上を図っていくこと（以下「カリキュラム・マネジメント」という。）に努める」ことについて新たに示した。

　カリキュラム・マネジメントというと，管理職や教務主任が関わる仕事で，一般の教員にはあまり縁のないものと捉えられがちでしたが，積極的にカリキュラム・マネジメントについて考えていきたいものです。

2 教科内で考えてみると…

　中央教育審議会答申にもあるように，「主体的・対話的で深い学び」の実現に向けた授業改善を，単元や題材など内容や時間のまとまりを見通して行うことが求められています。単元のどこでどのような知識や技能を習得させ，どこで活用させ，探究的な活動をどこで行うのか。また，そのための時数をどのように確保するのか。このような指導計画を検討していくことも，カリキュラム・マネジメントと言えるでしょう。

　継続観察を行う場合は，そのための時間の確保が必要ですし，**場合によっては学級担任に協力を仰ぐことも必要**でしょう。また，第2分野のように，野外観察の重要性が指摘されていながら，学校の近辺に適当な観察場所がない場合，林間学校などの学校行事と連携することで野外観察の可能性が広がることもあります。そのためには**校内での調整も必要**です。

　外部機関と連携を図り，専門家を招いて特別授業を行うのも，生徒にとって意義深いものです。また，博物館などによっては，学校団体の見学を積極的に受け入れているところや，標本を貸し出しているところがあります。学校内の手当だけではなかなか難しい，人的，物的な手当をすることで，生徒たちに対してより豊かな経験を保障することができます。

　さらに，理科に関連する内容で何か特色がある地域については，その内容について掘り下げるのも意義のあることです。

3 教科横断的な視点から考えてみると…

　中学校では，様々な教科を学習しますが，知識や技能，思考力・判断力・表現力などで共有すると効果的なものが少なくありません。

　例えば，理科では自然の事物・現象について理論的な面からアプローチすることが多いですが，技術家庭科では実践的な面からアプローチすることが多いです。理論と実践が結び付くことで，より高い学習効果が期待されます。

　保健体育の内容は，人間の体に関わる内容を学びますが，理科においてもヒトの体の仕組みを学習します。相互が結び付くことで，より深い理解が期待されます。

　理科では数値を表にまとめてグラフ化するなどの作業が伴う学習が多いですが，数学においても関数などでデータの処理を学んでいます。こちらについても，相互が結び付くことで，より深い理解が期待されます。

　また，昨今，環境の問題やエネルギーの問題などにおいて，持続可能な社会をつくっていくことがテーマとなることがありますが，自然科学からのアプローチと社会科学からのアプローチでは問題の捉え方が異なる場合があります。1つの問題について多面的に捉えることで，より深い学びを実現することが可能になります。

　このように，教科横断的な視点からカリキュラムを見直す切り口はいろいろあると考えられます。最初から教科横断的な実践を企画することは難しいかもしれませんが，少なくとも**教科相互で関連する内容や考え方が，相互の教科のどの学年のどの場面で指導されているかを教員同士で共有することは大切**だと考えます。それだけでも，指導の順番や指導方法の改善につながります。そのうえで可能であれば，カリキュラムを意図的に組み直してみたり，教科横断的な内容を扱う特設の時間をつくるなど，学校独自のカリキュラム・マネジメントを検討してみたいところです。

第2章

資質・能力の三つの柱と授業づくり

第2章

知識及び技能と授業づくり

1 教科の目標としての知識及び技能

先に示したように,平成29年版の学習指導要領では教科の目標を「三つの柱」で示しており,「知識及び技能」については,以下のように記述されています。

> (1) 自然の事物・現象についての理解を深め,科学的に探究するために必要な観察,実験などに関する基本的な技能を身に付けるようにする。

また,学習指導要領解説では,上記(1)について,以下のような解説が記述されています。

> 目標(1)は,育成を目指す資質・能力のうち,知識及び技能を示したものである。知識及び技能を育成するに当たっては,自然の事物・現象についての観察,実験などを行うことを通して,<u>自然の事物・現象に対する概念や原理・法則の理解を図る</u>とともに,<u>科学的に探究するために必要な観察,実験などに関する基本的な技能を身に付ける</u>ことが重要である。その際,日常生活や社会との関わりの中で,<u>科学を学ぶ楽しさや有用性を実感しながら,生徒が自らの力で知識を獲得し,理解を深めて体系化していく</u>ようにすることが大切である。また,観察,実験などに関する基本的な技能については,<u>探究の過程を通して</u>身に付けるように

> することが大切である。
>
> 下線は筆者による

　知識としては，「**自然の事物・現象に対する概念や原理・法則の理解**」が重要であることが示されています。
　それぞれの単元でどのような概念や原理・法則の理解を目指しているのか，個々の知識がどのように体系化されているのかという点について，教師がはっきりと認識しておき，授業の計画に生かすようにします。
　また，科学を学ぶ楽しさや有用性を実感することや，生徒が自らの力で知識を獲得することが記されており，学習の過程を重視することが深い理解に向けて重要であることが示されています。
　技能としては，「**科学的に探究するために必要な観察，実験などに関する基本的な技能を身に付けること**」が重要であることが示されています。
　個々の実験の技能をしっかりと身に付けさせることは重要なことですが，とりわけ，探究の過程で用いる汎用的な技能については，より優先順位が高いと言えるでしょう。
　また，探究の過程を通して身に付けることの大切さが示されており，生徒が当該の技能の意味や意義を実感することが期待されています。

2　知識について①――「年周運動と公転」を例に

　生徒は，どのように知識を習得し，どのように理解をはかるとよいのでしょうか。
　ここでは「年周運動と公転」を例に考えてみたいと思います。
　平成29年版の学習指導要領では「年周運動と公転」について，「星座の年周運動や太陽の南中高度の変化などの観察を行い，その観察記録を地球の公転や地軸の傾きと関連付けて理解すること」と示されています。

第2章

　私たちは日頃から季節による気温の変化を実感していますが，そのことを理解するためには，**いくつかの知識を体系化し，概念や原理・法則の理解を図っておかなければなりません。**
　この様子を，下のような図に表してみました。

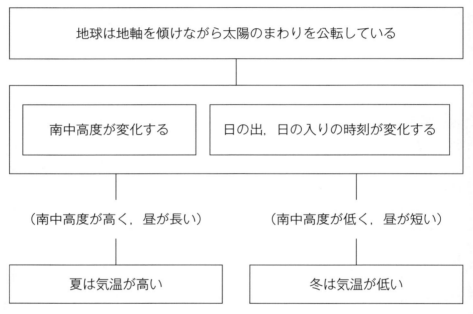

夏と冬で気温が異なることをいかに捉えるか

　季節による気温の変化を考えるうえでは，「地球は地軸を傾けながら太陽のまわりを公転している」という概念を理解していることが必須ですが，南中高度が変化することと，日の出，日の入りの時刻が変化すること（昼の時間の長さが変化すること）が関連付けられている必要があります。
　そのうえで，太陽の南中高度の高低と昼の長さの長短という視点で「夏は気温が高い」「冬は気温が低い」という知識が関連付けられるので，生徒は体系的に「わかった」という実感を得ることができるのだと思います。

南中高度が変化することは、透明半球を使用した継続的な観察等で生徒自らが見いだし、その裏付けとして空間的な理解と関連付けるようにします。日の出、日の入りの時刻が変化することも継続的な観察等や文献等のデータから生徒自らが見いだし、ひも等を用いて昼の長さを比較してみるなど、実感を伴った理解と関連付けるようにします。どちらの場合も観察者の視点を公転する地球の外に移動させて考えさせるプロセスが大切であり、ここでつまずくと理解を阻害してしまう可能性があります。

　理解できていない生徒を注意深く調べていくと、**誤った概念を基に判断して、わからなくなっている生徒がいる**ことに気付きます。以前、質問に来た生徒と話がどうしてもかみ合わなかったので、地球の公転についてのイメージを絵でかかせたところ、以下のような絵になりました。

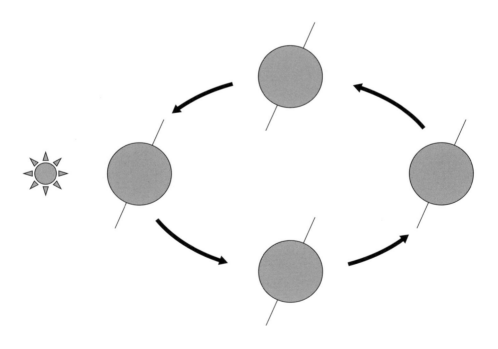

ある生徒がもっていた誤った概念

生徒は，前ページの図のようなイメージを基に，夏は太陽に近いから暑い，冬は太陽から遠いから寒いと理解していました。教科書や板書で様々な図を見てきたはずですが，生徒の中ではこのようなイメージが強固に定着しており，修正されなかったのだと思われます。

この経験から学んだことは，**生徒はときに，想定できないような概念を保持しており，そのことによって理解することが難しくなっている場合がある**ということです。

質問に来た生徒には感謝の気持ちでいっぱいです。単純な知識の伝達だけでは概念が定着しないことを改めて学んだ出来事でした。

3 知識について②——総合的に捉えることの大切さ

「大地の成り立ちと変化」の単元は，「身近な地形や地層，岩石の観察」「地層の重なりと過去の様子」「火山と地震」「自然の恵みと火山災害・地震災害」という4本の柱で学習します。

学習内容を内容が関連するいくつかの単元に分け，個々の単元をていねいに学んでいくことは，知識を整理し，定着を図るうえで効果があります。

一方で，日本列島が大陸の東縁に位置し，大陸プレートに向かって海洋プレートが沈み込んでいる特異な場所に位置していることを長大な空間と時間

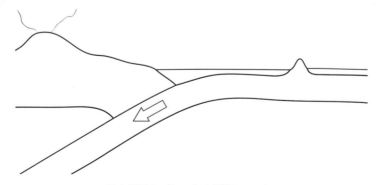

日本付近のプレートの断面のモデル

のレベルで理解することができれば，静止しているように見える岩石や大地が動いていることを感じ，流水の働き，地層のでき方，火山活動，地震，自然災害が相互に関連していることを実感することができます。

　そのほかにも，例えば，動物の体の仕組みを学習する際も，消化器系，循環器系，呼吸器系等についての個別の理解は大切ですが，それぞれが相互に関連し合いながらシステムをつくり上げている点も重要です。

　個々の小さな単元で学習が完結してしまいがちですが，改めて**単元全体を俯瞰した視点で見直す学習の場も用意したい**ものです。

4 技能について―グラフを作成する技能を例に

　例えば，2つの要素を関係付けて規則性を見いだす場面で，グラフを作成する技能は重要です。

　グラフ作成の技能とひと口に言っても，細分化するといくつかの手続きに分けて考えることができます。

---
①独立変数と従属変数が何であるかを判断する
②横軸と縦軸の軸項目及び単位を書く
③データを基に適切な目盛を記入する
④データをグラフ上にプロットする
⑤近似線を描き，グラフを完成させる

　ある調査によれば，上記の①から③までのプロセスを省略し，④と⑤の技能のみを必要とする作業を行わせると，半数以上の生徒がグラフを適切にかくことができると言われていますが，グラフ用紙だけを与え，①から⑤までの作業を生徒自ら行わせると，グラフを適切にかくことができる生徒は半数以下になると言われています。

　多くの情報を与えているていねいなワークシートを見かけることがありま

すが，このことから考えると，グラフを作成する技能を育成するものになっているか，改めて問い直す必要がありそうです。

実験を通してグラフを作成する主な機会は，以下のように，3年間を通して複数あります。

○おもりの重さとばねののびとの関係（1年）
○電流と電圧との関係（2年）
○銅の質量と結び付いた酸素の質量との関係（2年）
○小球の高さと木片の移動距離との関係（3年）

グラフを作成する技能を，内容から独立して習得させることは難しいので，これらの学習を通して技能を身に付けられるように指導計画を検討したいところです。

1年生ではていねいな解説を加えながらグラフを作成する技能の基礎を学習し，少しずつ自立を促して，最終的にはグラフ用紙から生徒が自力でグラフを作成する技能を習得させることを目標とします。グラフ用紙を引き出しに常備し，必要なときにすぐに生徒に持って行くように指導している先生もいらっしゃいます。慣れてくると，グラフ作成に要する時間は短縮されていきますが，**グラフを作成する技能の個人差は小さくないので，学年が進行しても個別の生徒の支援は継続するようにしなければなりません。**

ところで，先ほどあげたグラフ作成の手続きのうち，「⑤近似線を描き，グラフを完成させる」という部分については，単純な技能とは言えない部分があります。プロットしたデータを基に，実験者が判断したうえで引かなければならないからです。

よく生徒から，
「このグラフは直線を引くんですか，曲線を引くんですか」
という質問を受けますが，実験者がそれを判断するのだということを指導することにしています。

生徒が実験の目的を理解していなかったり，実験の見通しをもっていなかったりする場合が多く，自分自身の指導の甘さを実感させられてきました。
　中学校理科において，グラフ化を伴う定番実験のほとんどは，比例のグラフになります。おもりの重さとばねののび，電流と電圧についても同様で，生徒自身が判断することなく，作業として直線を引いているところに出合うことがあり，気になってしまいます。
「ばねの代わりにゴムひもを用いたらどうなるだろうか？」
「抵抗以外に豆電球を用いたらどうなるだろうか？」
などと問いかけ，ゴムひもや豆電球のデータについてもグラフ化させると，必ずしも直線の関係にならないことに気付かせることができます。
　中学生なので専門的な誤差論は無縁ですが，点の並び方から直線であるか曲線であるかを判断する経験をどこかでさせておきたいものです。

第2章

2 思考力,判断力,表現力等と授業づくり

1 教科の目標としての思考力,判断力,表現力等

平成29年版の学習指導要領では,「思考力,判断力,表現力等」について以下のように記述されています。

> (2) 観察,実験などを行い,科学的に探究する力を養う。

学習指導要領解説では,上記(2)について次のように解説されています。

> 目標(2)は,育成を目指す資質・能力のうち,思考力,判断力,表現力等を示したものである。科学的に探究する力を育成するに当たっては,自然の事物・現象の中に問題を見いだし,見通しをもって観察,実験などを行い,得られた結果を分析して解釈するなどの活動を行うことが重要である。その際,第1学年では<u>自然の事物・現象に進んで関わり,それらの中から問題を見いだす活動</u>,第2学年では<u>解決する方法を立案し,その結果を分析して解釈する活動</u>,第3学年では<u>探究の過程を振り返る活動</u>などに重点を置き,3年間を通じて科学的に探究する力の育成を図るようにする。
>
> 下線は筆者による

「科学的に探究する力」がどのようなものなのか、定まったものを示すことは難しいですが、例えば、平成28年12月の中央教育審議会答申別添資料5-1では、理科において育成を目指す資質・能力の整理として、以下のような資質・能力を示しています。ここで示された資質・能力は1つの例示として捉えればよいもので、それぞれの教師が育成しようとしている資質・能力について検討するときのたたき台になればよいと思います。

○自然事象の中に問題を見いだして見通しをもって課題や仮説を設定する力
○計画を立て、観察・実験する力
○得られた結果を分析して解釈するなど、科学的に探究する力と科学的な根拠を基に表現する力
○探究の過程における妥当性を検討するなど総合的に振り返る力

科学的に探究する力とはどのようなものなのか、という議論は、一朝一夕でまとまるものではありませんが、**探究の過程を重視し、様々な学習機会を設定することが大切**です。

2 問題を見いだす活動

第1学年では、問題を見いだす活動に重点を置くことになっていますが、問題を見いだす活動はとても難しい活動です。

同じ事象を経験したとしても、生徒によって関心をもつ対象は多様です。単元を通してどのような概念や原理・法則の理解を図ろうとしているのかを確認し、そこに至るまでのプロセスを検討します。問題を見いだす活動においては、**教師がある程度の意図をもって活動を設定し、適切な発問を投げかけながら生徒の気付きを促す戦略**が求められます。

例えば、光の反射の学習では、大きな鏡の前などに生徒に並んで立つよう

に指示し，どのような場合に友だちの姿が見えて，どのような場合に友だちの姿が見えないかという点に注目させれば，鏡に当たった光の進み方について，問題を見いだすきっかけになります。

こうした活動は，思考力，判断力，表現力等を育成することに有効ですが，同時に，生徒に主体的な活動を促す原動力にもなります。

3 解決方法を立案し，結果を分析して解釈する活動

第2学年では，実験を計画する活動と実験結果を分析して解釈する活動に重点を置くことになっています。

分析，解釈については，多くの中学校で実践されていますが，実験の計画についてはあまり実施されていないという傾向があります。実験計画が敬遠されるのは，生徒に考えさせるのに手間と時間がかかることなどが考えられます。

実験計画というと，すべてを生徒が自立的に計画することをイメージしがちですが，大らかに考えてもよいのではないかと思います。

例えば，銅やマグネシウムなどの金属の質量と結び付く酸素の質量との関係を調べる実験では，「あらかじめ金属の質量を測定しておき，反応前後の装置全体の質量の差が結び付いた酸素の質量と考えれば，金属の質量と結び付いた酸素の質量との関係がわかる」というような見通しを立てることができれば，十分に実験の計画を行うことができたと考えてよいと思います。

また，事前に金属粉を十分に加熱したときに，ある一定の質量以上の値にはならないことを見いだす実験を経験させておけば，その実験の経験が実験計画を立てるための基礎にもなります。まず，できるところから挑戦してみてはいかがでしょうか。

分析，解釈は多くの学校で実践されているので，平成29年版の学習指導要領のもとにおいても，これまでの蓄積を生かしながら，より質の高いものを目指していきたいところです。

考察を記述する場合には要素を確認します。大切なことは，**実験から得た事実（結果）を基にして，実験からわかったこと（結論）を主張すること**です。その際，結果から結論に至った根拠も明らかにするようにします。

　教育実習生や若い先生の授業を参観すると，ときどき気になる授業に出合うことがあります。

　1つは，せっかく実験を行いながら，実験が終了した直後に生徒を指名して実験結果や考察を発表させ，その発表を教師が板書し，その板書を生徒がワークシートに書き写すという授業です。もう1つは，データをあらかじめ作成したグラフ用紙にプロットさせ，教師が「直線を引きましょう」と指示している授業です。

　時間の制約があったのかもしれませんが，**個々の生徒がどれだけ思考する場面があったかを改めて振り返ってみることが必要**です。個に応じた支援を充実させながら，まず個人でしっかりと考える時間を保障するとともに，班などの小集団で意見を交換しながら考えを練り上げ，自分の考えを表現し，互いに共有する過程を大切にします。

4 探究の過程を振り返る活動

　第3学年では探究の過程を振り返る活動などに重点を置くことになっています。

　こうした活動は，探究の過程を通して常に行うべきもので，時には実験方法の修正や変更が迫られることもあります。平成29年版の学習指導要領解説理科編においては，第3学年の各領域の文中で探究の過程を振り返る活動について具体的に記述されています。それらを整理すると，探究の過程を振り返る活動について，以下のような活動が考えられると言えそうです。

○実験の方法と得られる結果との関係を考える
○実験の操作や結果が何を意味するかを考える

> ○課題に対して考察が妥当であるかを考える
> ○根拠を基に結論を導いているかを考える
> ○新たな課題を見いだす

　例えば，実験のデータを取りながら，より妥当な方法を検討し，修正した方法で実験をやり直す場面もあるでしょう。実験の操作や結果が何を示しているのかを，それぞれの段階で生徒が認識しているかどうかを確認する場面もあるでしょう。課題から結論に至る過程に一貫性があること，根拠を基に結論を導くことも常に念頭に置いておきたい点です。

　また，実験から新たな課題を見いだすことができれば，その次の探究的な活動につながります。実験を行ったときに思い通りの結果にならないと，生徒はよく「失敗した」という言葉を口にすることがありますが，**なぜ失敗したのかという点を掘り下げていくと，探究の振り返りの種が埋まっている**ように思います。

5　思考し，表現する活動の意義と場面設定

　理科の授業において，思考し，表現する場面を設定することには，以下のような意義があると筆者は考えています。

> ○思考力，判断力，表現力等に関わる資質・能力を育成する機会となる
> ○生活経験や既習の知識，技能を活用する機会となる
> ○既習の知識，技能を定着させる機会となる
> ○学んだことの意義や有用性を実感する機会となる

　思考力，判断力，表現力等に関わる資質・能力の育成に寄与することはもちろんですが，関連して様々な意義があると思います。
　具体的な設定場面としては，問題を見いだす場面，実験を計画する場面，

実験結果を分析して解釈する場面，探究を通してその過程を振り返る場面を各学年の重点としてあげました。こうした場面は，あくまでも学年で指導する重点を示したということであり，その他の場面は設定しなくてよいというわけではもちろんありません。**それぞれの単元の内容に応じたふさわしい場面を指導計画の中に盛り込んでいきたい**ものです。

3 学びに向かう力, 人間性等と授業づくり

1 教科の目標としての学びに向かう力, 人間性等

　平成29年版の学習指導要領では, 教科の目標において, 「学びに向かう力, 人間性等」について以下のように記述されています。

> （3）自然の事物・現象に進んで関わり, 科学的に探究しようとする態度を養う。

　また, 学習指導要領解説では, 上記(3)について以下のような解説が記述されています。

> 　目標(3)は, 育成を目指す資質・能力のうち, 学びに向かう力, 人間性等を示したものである。学びに向かう力, 人間性等を育成するに当たっては, 生徒の学習意欲を喚起し, 生徒が自然の事物・現象に進んで関わり, <u>主体的に探究しようとする態度</u>を育てることが重要である。その際, <u>自然体験の大切さ</u>や<u>日常生活や社会における科学の有用性</u>を実感できるような場面を設定することが大切である。このような主体的に探究する活動を通して, 自然の美しさ, 精妙さ, 偉大さを改めて感得し, 自然についての理解を深め, 新たな問題を見いだそうとするなど, 生徒の<u>感性や知的好奇心</u>などが育まれる。
> 　また, 自然環境の保全や科学技術の利用に関する問題などでは, 人間

> が自然と調和しながら持続可能な社会をつくっていくため，身の回りの事象から地球規模の環境までを視野に入れて，<u>科学的な根拠に基づいて賢明な意思決定ができるような態度</u>を身に付ける必要がある。
>
> 下線は筆者による

　前述の知識及び技能，思考力，判断力，表現力等をどのような方向性で働かせていくかを決定付ける重要な要素であり，**情意面や態度面等に関わるものが含まれています。**

2 主体的に探究しようとする態度

　主体的に探究しようとする態度を育成することは，言葉にすると簡単ですが，意図的に育成する方策を考えようとすると，実際は難しいと思います。
　しかし，実際に授業を通して生徒の姿を見ていると，主体的に探究しようとする態度が高まっていると感じる場面に遭遇する実感はあるので，教師相互が情報交換を行いながら，よりよい事例を共有していくことが大切であると考えます。
　筆者の場合は，例えば以下に示すような場面が思い浮かびます。

○生徒が興味深い事象に出合い，疑問を抱いたとき
○生徒がもっている知識や概念等とギャップのある事象に出合い，疑問を抱いたとき
○生徒が日常経験や既習事項を用いて解決の見通しを立てることができそうなとき
○生徒が学んだ概念や原理，規則性等が日常生活や社会で起こっていることと関連付けられそうなとき

体験的な活動，魅力的な事象，適切な課題提示，既習事項の活用，日常生活や社会との関連などがキーワードになるでしょう。一方，第2分野の学習のように，理科室での体験が難しいものでも，優れたモデル実験や映像教材は数多く報告されているので，第2分野は探究できないと固定的に考える必要はありません。

日常生活や社会との関連など，「役に立つこと」が強調される傾向がありますが，必ずしも役に立たなくても現象そのものが魅力的なものも数多く報告されているので，こちらについても，**役に立たなければいけないと固定的に考える必要はない**のではないかと感じています。

3 科学的な根拠に基づいて賢明な意思決定ができるような態度

この態度は，主に中学校3年間の最後の単元である「科学技術と人間」及び「自然と人間」の単元での育成が期待される態度です。

それまでに学んだことを総合的に活用し，現代的な課題についての認識を深める学習が設定されています。

とりわけ，「自然環境の保全と科学技術の利用」の単元は，第1分野と第2分野の学習を踏まえ，学習指導要領解説では，以下のような内容が記述されています。

---

⑦　自然環境の保全と科学技術の利用について

ここでは，私たちの日常生活や社会は，科学技術に依存している一方で，科学技術の利用が自然環境に対し影響を与え，自然環境を変化させていることを理解させる。その際，エネルギー資源など，私たちの生活を支えるための利用可能な資源は有限であることに気付かせる。さらに，限られた資源の中で自然環境との調和を図りながら，持続可能な社会を築いていくことが課題であることを認識させる。

第1分野及び第2分野の学習を踏まえ，科学技術の利用と自然環境の

保全に関わる事柄を取り上げ，例えば，次のようなテーマを生徒に選択させることが考えられる。
・再生可能エネルギーの利用と環境への影響
・エネルギー資源や様々な物質の利用とその課題
・水資源の利用と環境への影響
・生物資源の利用と自然環境の保全

　このようなテーマで課題を立てさせ，調査等に基づいて，自らの考えをレポートにまとめさせたり，発表や討論をさせたりする。調査の際には，課題を解決するための情報を収集するために，図書館，博物館などの社会教育施設や，情報通信ネットワークなどを活用することが考えられる。

　指導に当たっては，設定したテーマについて科学技術の利用と自然環境の保全に注目させ，<u>科学的な根拠に基づいて意思決定させる場面を設けることが大切である</u>。例えば，意思決定を行う場面では，資源の利用は私たちの生活を豊かにする一方で環境破壊を引き起こすなど，<u>同時には成立しにくい事柄</u>を幾つか提示し，<u>多面的な視点に立って様々な解決策を考えさせたり，それを根拠とともに発表させたりすること</u>などが考えられる。

下線は筆者による

　例えば，プラスチックは，軽くて，割れにくく，成形がしやすいなど，従来の素材に比べて優れた点が多く，多くの製品に使用されていますが，限られた資源である石油を原料としていることや，自然界で分解されにくいことなど，課題を抱えています。

　石油以外の原料を用いる技術，少量の原料から同等の性能をもった製品を製造する技術，廃プラスチックを素材として再生する技術の研究と開発が進んでおり，**科学技術が課題の解決のために貢献している視点も大切**です。

プラスチックの利用についての特定の正解はなく，生徒自身が意思決定をさせる場面を設けることなどができると思います。

第 **3** 章

学習内容の改訂と授業づくり

CHAPTER
3

物理領域の内容の改訂と授業づくり

1 第1学年の内容の改訂

光と色（新設）

平成29年版の学習指導要領では，「光の反射・屈折」の内容の取扱いについて，以下のように記述されています。

> 全反射も扱い，光の屈折では入射角と屈折角の定性的な関係にも触れること。また，<u>白色光はプリズムなどによっていろいろな色の光に分かれることにも触れること。</u>
>
> 下線は筆者による

下線部の内容が新たに加わりました。

太陽光などの白色光は様々な色の光を含んでおり，プリズムなどによって分けることができることに触れられるようになります。光と色に関わる事象は，私たちの日常生活でも身近に経験するところですが，教科書上ではこれまで，発展の扱いでした。今回の改訂によって，学習指導要領の中で具体的に記述されましたので，授業の中でも積極的に光と色について触れることができるようになります。

光と色に関わる学習内容は，生徒たちが日常的に目にしている現象と深く関わっています。例えば，**雨上がりに空を見上げたり，ホースで水をまいた**

りするときに虹ができることなどに触れることは、意義があることだと思います。

2力のつり合い（3年より1年に移行）

平成29年版の学習指導要領では、「力の働き」について、以下のように記述されています。

> 物体に力を働かせる実験を行い、物体に力が働くとその物体が変形したり動き始めたり、運動の様子が変わったりすることを見いだして理解するとともに、力は大きさと向きによって表されることを知ること。<u>また、物体に働く2力についての実験を行い、力がつり合うときの条件を見いだして理解すること。</u>
>
> 下線は筆者による

下線部の内容が3年から1年に移行し、力の表し方を学んだ後に2力のつり合いを学ぶことになりました。

これまでは、力の表し方を学びながら、それらを使用して思考する場面をほとんど設定できませんでした。しかし、2力のつり合いが入ることで、習得と活用が可能になりました。例えば、**ばねばかりが関係する事象を2力のつり合いという視点から解釈したり、机の上に静止している物体を重力と垂直抗力のつり合いという視点から解釈したりする**ことができるようになります。一方、2力のつり合いと力の合成・分解が1年と3年で離れてしまうので、**3年のはじめに2力のつり合いをしっかりと振り返ることが必要**と言えるでしょう。

圧力（2年及び3年に移行）

これまで、一般的な圧力と水圧、大気圧については1年で学んでいました

が，これらの内容は1年から2年，3年へ学年と分野をまたいで移行しました。

具体的には，一般的な圧力の説明と大気圧については2年の「気象とその変化」に，水圧については3年の「運動とエネルギー」に移行しました。特に一般的な圧力の内容については，これまで第1分野で担っていた内容が第2分野の学習内容に移行しており，学年及び分野をまたいで分断された状態になっています。**3年間を通したつながりを意識して授業計画を立てたいところです。**学年進行や分野によって授業担当者が異なる場合も少なくありません。校内の理科教員の情報共有や，新旧の教員の引き継ぎなどを大切にしましょう。

2 第2学年の内容の改訂

放射線の性質と利用（3年から1部が2年に移行）

平成29年版の学習指導要領では，「静電気と電流」の内容の取扱いについて，以下のように記述されています。

> 電流が電子の流れに関係していることを扱うこと。また，真空放電と関連付けながら放射線の性質と利用にも触れること。
>
> 下線は筆者による

電子の存在についての理解を図る過程で真空放電を演示する場面がありますが，真空放電と関連付けながらＸ線に触れるとともに，Ｘ線と同じように透過性などの性質をもつ放射線が存在し，医療や製造業などで利用されていることにも触れるようにします。

3年の「科学技術と人間」でも放射線に触れることとされており，ここでは放射線が核燃料から出ていること，自然界にも存在し，地中や空気中の物

質から出ていたり，宇宙から降り注いでいたりすることに触れることになっています。

2年で触れる放射線と3年で触れる放射線について，授業を行う教師が整理しておく必要があります。

クルックス管の実験は危険を伴うので教師による演示実験とすべきですが，近年は漏洩X線の問題も話題にのぼることがあります。**安全に配慮した製品を使用し，生徒への指導についても注意を払いましょう。**

3 第3学年の内容の改訂

水中の物体に働く力（1年から3年に移行）

平成29年版の学習指導要領では，「水中の物体に働く力」について，以下のように記述されています。

> 水圧についての実験を行い，その結果を水の重さと関連付けて理解すること。また，水中にある物体には浮力が働くことを知ること。

これまで1年で学習していた水圧の内容が3年に移行しました。2力のつり合いをすでに学習しているので，浮力と重力の関係などを2力のつり合いと関連付けることができます。

1年のところでも記述しましたが，圧力に関わる内容が学年，分野をまたいで分散しているので，**適宜，ていねいに振り返る機会を設ける**とよいでしょう。

2力のつり合い（1年から3年に移行）

1年のところでも記述しましたが，平成29年版の学習指導要領では，2力のつり合いの内容が1年に移行しました。

力の合成・分解の学習を進めるに当たっては，2力のつり合いが定着して

いることが求められます。**2力のつり合いを学んでからかなりの時間が経過している**と考えられるので，適宜，ていねいに振り返る機会を設けるとよいでしょう。

放射線（3年から1部が移行）

　2年のところですでに記述したように，2年で放射線の存在と利用について学習することになりました。

　3年においては，エネルギー資源の学習の中で放射線が核燃料から出ていること，自然界にも存在し，地中や空気中の物質から出ていたり，宇宙から降り注いでいたりすることに触れるようにします。

　以下に，平成20年版の学習指導要領解説と平成29年版の学習指導要領解説を併記しました。放射線については，2年と3年で段階的に学習することとなりますが，新旧の解説の文面を比較してみると，新しい学習指導要領では，**東日本大震災を踏まえながら，より踏み込んだ記述になっている**ことがわかります。

平成20年版の解説

　原子力発電ではウランなどの核燃料からエネルギーを取り出していること，核燃料は放射線を出していることや放射線は自然界にも存在すること，放射線は透過性などをもち，医療や製造業などで利用されていることなどにも触れる。

下線は筆者による（2年生に移行した部分）

平成29年版の解説

　放射線については，核燃料から出ていたり，自然界にも存在し，地中や空気中の物質から出ていたり，宇宙から降り注いでいたりすることなどにも触れる。<u>東日本大震災以降，社会において，放射線に対する不安が生じたり，関心が高まったりする中，理科においては，放射線について科学的に理解することが重要であり，放射線に関する学習を通して，生徒たちが自ら思考し，判断する力を育成することにもつながると考えられる。その際，他教科等との関連を図り，学習を展開していくことも考えられる。</u>

下線は筆者による（新たに強調された部分）

化学領域の内容の改訂と授業づくり

1 第1学年の内容の改訂

代表的なプラスチックの性質（1年から3年へ移行）

　平成20年版の学習指導要領では，「身の回りの物質とその性質」の内容の取扱いの中で，「代表的なプラスチックの性質にも触れること」という記述がありましたが，平成29年版の学習指導要領ではこの内容が3年に移行し，1年では触れないこととなりました。

　ただ，有機物と無機物については平成29年版でも変わらずに学習することになっており，プラスチックに囲まれて生活している現状を踏まえれば，**有機物の例の1つとしてプラスチックを例示することは今後も必要なこと**だと言えるでしょう。

物質の溶解（一部が1年から小学校へ移行）

　平成20年版の学習指導要領では，「水溶液の中では溶質が均一に分散していることを見いだすこと」が学習内容として位置付けられていましたが，平成29年版の学習指導要領では，この内容は小学校へ移行しました。したがって，中学校の水溶液は水溶液から溶質を取り出すことが主な学習内容となります。

　もともと，1年の内容は時数に比べて内容が濃密であり，精選と重点化の必要性が指摘されていました。些細な改訂ではありますが，そのような背景があると考えられます。

ただし、小学校では可視的な現象を中心に学習が進むので、粒子のモデルを用いて溶質が溶媒に溶けている様子を微視的に考えることは中学校が担う重要な学習です。**小学校の学習を振り返りながら溶解に関わる事象を生徒に提示し、事象を微視的に捉え、モデルを用いて説明する活動はこれまでと同様に実践する**ようにします。

物質の融点と沸点（授業における扱い方の改変）

些細な違いですが、平成20年版の学習指導要領と平成29年版の学習指導要領を併記してみます。

平成20年版の学習指導要領

　<u>物質の状態が変化するときの温度の測定を行い</u>、物質は融点や沸点を境に状態が変化することや沸点の違いによって物質の分離ができることを見いだすこと。

下線は筆者による

平成29年版の学習指導要領

　<u>物質は融点や沸点を境に状態が変化することを知るとともに、混合物を加熱する実験を行い</u>、沸点の違いによって物質の分離ができることを見いだして理解すること。

下線は筆者による

下線部を比べるとわかりますが、平成29年版では、物質が融点や沸点を境

に状態が変化することを，実験を通して見いだすことを必ずしも求めておらず，ここで行う実験については**物質の分離に重点を置いている**ことがわかります。もともと，1年の内容は時数に比べて内容が濃密であり，精選と重点化の必要性が指摘されていました。溶解のところでも述べたように，些細な改訂ではありますが，そのような背景があると考えられます。

2 第2学年の内容の改訂

化合（用語の削除）

　平成20年版の学習指導要領では，「化合」だった項目名が，平成29年版では「化学変化」という項目名に変わり，「化合」という言葉が消えています。もちろん，2種類の物質が結び付くという概念は重要ですが，**「化合」という用語は汎用性が低く，高校や大学等では使用されていません**。「化合」という言葉については，今後の教科書の表記によって，授業における扱いも考えなければなりませんが，少なくとも学習指導要領上ではその表記が消えることとなりました。

元素（用語の追加）

　平成29年版学習指導要領の「原子・分子」の内容の取扱いでは，以下のように記述されています。

> 　<u>「物質を構成する原子の種類」を元素ということにも触れること</u>。また，「記号」については，元素記号で表されることにも触れ，基礎的なものを取り上げること。その際，周期表を用いて多くの種類が存在することにも触れること。
>
> 　　　　　　　　　　　　　　　　　　　　　　　下線は筆者による

文献によって「ある特定の原子番号をもつ原子によって代表される物質種」「原子番号の等しい原子だけからなる物質」「特定の原子番号（陽子数または核荷電数）によって規定される，物質構成の究極因子（原子種）」などと定義されていますが，中学生には難解な内容を多く含んでおり，そのまま適用するのには問題があると思います。そのため，学習指導要領上では，厳密性を欠く部分はあるかもしれませんが，「原子の種類を指すもの」としています。

　113番元素の報道などに代表されるように，日常的に元素という言葉を目にします。**「原子と元素は何が違うの？」**という疑問は，生徒の定番の質問として想定されます。授業における一般的な説明とともに，授業の中で納得できない中学生に対して具体的にどのように説明するのか，教師同士で互いに情報交換を行いながら，検討しておきたい課題です。

3　第3学年の内容の改訂

原子の成り立ち（内容の追加）

　平成29年版の学習指導要領では，「原子の成り立ち」の内容の取扱いで，以下のように記述されています。

> 　「原子の成り立ち」については，原子が電子と原子核からできていることを扱うこと。その際，原子核が陽子と中性子でできていることや，<u>同じ元素でも中性子の数が異なる原子があること</u>にも触れること。
>
> 　　　　　　　　　　　　　　　　　　　　　　　下線は筆者による

　これまで，原子の成り立ちを説明する際は，ヘリウム原子を取り上げ，「ヘリウム原子は2個の陽子と2個の中性子から原子核をつくっており，そのまわりに2個の電子が存在している」というように，比較的原子番号の小

さい原子を例示し，できるだけ単純化しながら成り立ちを説明してきましたが，新たに，同じ元素でも中性子の数が異なる原子があることにも触れることになりました。

　話題が難解になりすぎると，生徒の理解を阻害する可能性があるので，「同位体」という用語を含め，どこまで授業で取り上げるかは議論があるところです。少なくとも，同じ元素でも中性子の数が異なる複数の原子が存在することをここで知ることとなります。このような内容を知ることは，放射線等の理解を図るうえでも有効であると言えますが，**基本的な理解を大切にし，中学校段階では，あまり深入りすべきではない**と考えます。

金属イオン（内容の追加）

　平成29年版の学習指導要領では，新たに「金属イオン」という項目が独立し，以下のように記述されています。

> 　金属を電解質水溶液に入れる実験を行い，金属によってイオンへのなりやすさが異なることを見いだして理解すること。

　また，当該の内容の取扱いについて，以下のように記述されています。

> 　「金属イオン」については，基礎的なものを扱うこと。

　平成20年版では，金属のイオンへのなりやすさについては言及しておらず，教科書では電池の学習の一環で発展として金属のイオン化傾向に触れていました。平成29年版では，金属によってイオンへのなりやすさを調べる実験を行い，実験を通して金属によってイオンへのなりやすさが異なることを調べることになります。

　例えば，硝酸銀水溶液に銅板を入れると，銅のまわりに銀樹が生成し，水溶液は無色から青色に変化します。このことから，水溶液中の銀イオンが銅

板から電子を受け取って銀原子として現れたことや，銅板の銅原子が銀イオンに電子を渡して銅イオンになったことを推定することができます。

　こうした反応については，原子，電子，イオンのモデルを用いて説明できることが大切です。ただし，内容の取扱いの中で「基礎的なものを扱うこと」とあるように，多くの種類の金属のイオン化傾向をやみくもに暗記することを想定しているわけではありません。**基礎的なものに注目し，探究的に調べる**ということがこの学習では重視されています。

　なお，金属のイオンへのなりやすさの違いは，電池の仕組みを理解するうえで重要な概念です。電池の内容と合わせて指導計画を検討したいものです。

電池（一部改訂）

　平成29年版の学習指導要領では，以下のような記述があります。

　電解質水溶液と2種類の金属などを用いた実験を行い，<u>電池の基本的な仕組みを理解するとともに</u>，化学エネルギーが電気エネルギーに変換されていることを知ること。

下線は筆者による

　また，当該の内容の取扱いについて，以下のように記述されています。

　「電池」については，<u>電極で起こる反応をイオンのモデルと関連付けて扱うこと</u>。その際，「電池の基本的な仕組み」については，<u>ダニエル電池を取り上げること</u>。また，日常生活や社会で利用されている代表的な電池にも触れること。

下線は筆者による

第3章

　平成20年版までは，主として銅と亜鉛と塩酸を組み合わせたボルタ電池タイプのものを用いて電池の仕組みを説明していました。ただし，このタイプの電池は起電力がすぐに低下する，回路を接続しなくても塩酸と亜鉛板が反応してしまう，銅板からの水素の発生を実験からは見いだしにくい，複雑な反応を含んでいるなど，電池の基本的な仕組みを理解する教材としては問題点が指摘されていました。

　平成29年版では，ダニエル電池を電池の基本的な仕組みを理解する教材として新たに設定することになりました。電極で起こる反応を考察する際は，**先に学習している金属のイオンへのなりやすさで学んだことと関連付けながら，原子，電子，イオンのモデルを用いて説明させる活動が大切**です。

様々な物質とその利用（一部を１年から３年へ移行して整理）

　平成29年版の学習指導要領では，「科学技術と人間」の中で，「様々な物質とその利用」という項目が新たに加わり，エネルギーやエネルギー資源に関わる話題に加えて，新たに物質に関わる話題が柱として設定されました。

> 　物質に関する観察，実験などを通して，日常生活や社会では，様々な物質が幅広く利用されていることを理解するとともに，物質の有効な利用が大切であることを認識すること。

　また，当該の内容の取扱いについて，以下のように記述されています。

> 　「様々な物質」については，天然の物質や人工的につくられた物質のうち代表的なものを扱うこと。その際，<u>プラスチックの性質にも触れること</u>。

下線は筆者による（１年より移行）

例えば，プラスチックを使用した製品に注目し，以前に使用されていた物質とプラスチックを比較しながら，プラスチックが日常生活や社会で役立ってきたことを理解させることが考えられます。
　また，プラスチックは主に石油を原料としており，資源に限りがあることや廃棄したときに自然界に戻らないことなどの課題に気付かせ，３Ｒの推進や新たな原料の開発など，科学技術がその解決のために貢献していることを理解させることなどが考えられます。
　平成29年版の学習指導要領解説では，例示として「ポリエチレン（PE）ではつくりに触れ…」というように**「つくり」に言及しているので，高分子化合物の基本的な構造について簡単に触れること**も考えられます。

第3章 生物領域の内容の改訂と授業づくり

1 学習内容の並び替えの概要

生物領域は，他領域と比べ，以下のように大きく学習内容の並べ替えを行っています。

○**新設した主な内容**
　・生物の分類の仕方（1年）

○**移行した主な内容**
　・葉・茎・根のつくりと働き（1年→2年）
　・動物の体の共通点と相違点（2年→1年）
　・生物の種類の多様性と進化（2年→3年）

平成20年版の学習指導要領までは，1年で植物を中心に学習し，2年で動物を中心に学習するという構成でした。

平成29年版では，1年では植物と動物の外部形態に着目し，共通点と相違点を見いだすことを学習し，2年では1年で学んだ外部形態に加えて，植物と動物の内部形態にも着目し，体のつくりと働きを関係付けることを学習します。1年で「生物の分類の仕方」という項目が新設されており，ここでは，**生物の分類に関わる資質・能力を育成することや，分類する意義を学習することが想定されています。**新たな視点からの授業づくりが求められることに

なるでしょう。

2 第1学年の内容の改訂

生物の特徴と分類の仕方（新規）

　平成29年版の学習指導要領では「生物の特徴と分類の仕方」が新設され，以下のように記述されています。

> 　いろいろな生物を比較して見いだした共通点や相違点を基にして分類できることを理解するとともに，分類の仕方の基礎を身に付けること。

　生徒が観察した生物や，なじみの深い生物の特徴を比較して，共通点や相違点を見いださせ，適切な観点や基準を設定してそれらを分類する学習活動が考えられます。目的によって様々な観点や基準が考えられます。また，学問的な系統分類をねらっているわけではありません。したがって，1つの正解があるわけではありません。これらの活動を通して，**多様な観点や基準で生物が分類できることを理解し，分類する技能の基礎を身に付けること**が期待されています。

　このように，今回新設されたこの項目は，資質・能力ベイスの学習指導要領改訂の方針が特徴的にあらわれているところと言えます。

生物の体の共通点と相違点（2年から1年に一部を移行して整理）

　平成29年版の学習指導要領では，「生物の体の共通点と相違点」について，以下のように記述されています。

> ㋐　植物の体の共通点と相違点
> 　　身近な植物の外部形態の観察を行い，その観察記録などに基づいて，共通点や相違点があることを見いだして，植物の体の基本的なつくり

を理解すること。また，その共通点や相違点に基づいて植物が分類できることを見いだして理解すること。

㋑　動物の体の共通点と相違点
　　身近な動物の外部形態の観察を行い，その観察記録などに基づいて，共通点や相違点があることを見いだして，動物の体の基本的なつくりを理解すること。また，その共通点や相違点に基づいて動物が分類できることを見いだして理解すること。

　植物については，平成20年版では外部形態，内部形態およびその働きについて１年で学習してきましたが，平成29年版では外部形態の観察を通して共通点や相違点を見いだし，基本的なつくりを理解するとともに，共通点や相違点から植物を分類することが主な学習活動になります。例えば，花の観察を行い，その共通点と相違点を捉えて分類することが考えられます。とりわけ，被子植物については，葉脈，芽生え，根などの様子に注目させ，単子葉類と双子葉類に分類することが考えられます。また，裸子植物については，被子植物との共通点や相違点を捉えて分類することが考えられます。
　外部形態，内部形態とその働きを関連付ける学習は２年で行います。
　動物については，平成20年版では外部形態，内部形態およびその働きについて２年で学習してきましたが，平成29年版では外部形態の観察を通して共通点や相違点を見いだし，基本的なつくりを理解するとともに，共通点や相違点から動物を分類することが主な学習活動になります。例えば，脊椎動物について，体の表面の様子，呼吸の仕方，生活場所，運動期間，子の生まれ方などを観点として，５つのグループに分類することなどが考えられます。
　平成29年版では，**分類されたものを整理して理解することだけでなく，分類する過程も重視しているので，授業づくりにおいても，そのような過程を設定できるような指導計画が必要**と言えます。
　外部形態，内部形態とその働きを関連付ける学習は，今まで通り２年で行

います。

3　第2学年の内容の改訂

植物の体のつくりと働き（一部が1年から2年へ移行し，整理）

　平成29年版の学習指導要領では，「植物の体のつくりと働き」について，以下のように記述されています。

> ㋐　葉・茎・根のつくりと働き
> 　　植物の葉，茎，根のつくりについての観察を行い，それらのつくりと，光合成，呼吸，蒸散の働きに関する実験の結果とを関連付けて理解すること。

　平成29年版の学習指導要領では，1年生から2年生に移行してきた部分ですが，**外部形態の観察は1年で行うので注意しなければなりません。** 1年では外部形態からの分類に重点が置かれていたのに対して，2年では1年で学んだ外部形態と2年で学ぶ内部形態とを体の働きと関連付けることに重点が置かれています。

動物の体のつくりと働き等（一部が2年から1年へ移行し，整理）

　平成29年版の学習指導要領では，植物と同様に1年では外部形態からの分類に重点が置かれており，脊椎動物や無脊椎動物の外部形態からの特徴や分類については1年に移行し，2年では**1年で学んだ外部形態と2年で学ぶ内部形態とを体の働きと関連付けることに重点が置かれています。**

生物の変遷と進化（2年から3年へ移行）

　平成29年版の学習指導要領では，**生物の変遷と進化の内容は3年に移行しています。**

4 第3学年の内容の改訂

生物の種類の多様性と進化（2年から3年に移行）

平成29年版の学習指導要領では，平成20年版における「生物の変遷と進化」が3年に移行し，以下のように記述されています。

> 現存の生物及び化石の比較などを通して，現存の多様な生物は過去の生物が<u>長い時間の経過の中で</u>変化して生じてきたものであることを体のつくりと関連付けて理解すること。
>
> 下線は筆者による

「進化」は，「生命の連続性」とつながりがある学習内容なので，3年の「生物の成長と殖え方」「遺伝の規則性と遺伝子」の後に「生物の種類の多様性と進化」が設定されていることは，体系的に学ぶという点で意義のあるものになっています。

「長い時間の経過の中で…」という文言が加わっていますが，「理科の見方・考え方」を働かせることを重視している平成29年版においては，具体的な見方が示されたことに意義があると言えます。

5 カリキュラムの構成と指導計画

平成29年度版の学習指導要領では，資質・能力ベイスでの改訂が行われ，それぞれの領域の学習内容についても，その配列の見直しがはかられました。その中でも，生物領域の見直しが突出していることがわかります。

これまでの生物領域の学習は，どちらかというと観点や基準がその意味を問うことなく存在しており，その観点や基準に従って分類された植物や動物

の仲間とその特徴を整理して覚えるという学習になりがちでした。

　今回のように，分類の観点や基準から生徒に考えさせることで，既存の植物や動物の分類についても，どのような観点や基準で分類したのかという点について，否応なく注目することになるでしょう。

　カリキュラム構成が資質・能力ベイスになったことで，指導計画の見直しも求められます。特に，植物や動物の分類のように，必ずしも1つの正解に集約されるわけではない課題について，教師がどのように授業を展開していくのかが問われます。また，そこで得た資質・能力をその後の植物，動物の分類にどのように生かしていくのかが問われます。

第3章

地学領域の内容の改訂と授業づくり

1 第1学年の内容の改訂

身近な地形や地層，岩石の観察（一部を改訂）

平成29年版の学習指導要領では，「身近な地形や地層，岩石の観察」の項目が新設され，以下のように記述されています。

> 身近な地形や地層，岩石などの観察を通して，土地の成り立ちや広がり，構成物などについて理解するとともに，観察器具の操作，記録の仕方などの技能を身に付けること。

平成20年版の「地層の重なりと過去の様子」を先頭に移し，さらに，「身近な地形や地層，岩石の観察」，「地層の重なりと過去の様子」という2つの項目にあえて分割しています。**生徒が観察を通して問題を見いだし，見通しをもたせながらその後の学習につなげていくという意図を読み取ることができます。**

地形や地層，岩石などの観察は，ぜひ野外で実施したいものです。その対象は長大であり，事象を理科室で経験することが難しい対象を多く含んでいるからです。しかし，野外観察を実施するための条件整備については地域差や学校差が大きく，実施状況は学校によって多様です。

例えば，教育委員会と地域の中学校が連携して野外学習を設定し，丸一日を費やして野外学習を行っている学校もあります。また，地域の博物館や外

部講師と連携を図りながら授業づくりをしている学校もあります。一方で，地域に適切な教材がなかったり，バックアップをなかなか受けられなかったりする中で，標本やモデル，映像教材に頼らざるを得ない学校もあります。

それぞれの学校の環境に応じて，可能な限り，有効な教材を探し，地域の地形や露頭の観察を行ったり，ボーリングコアや博物館の標本の観察を行ったりする中で，土地の成り立ちや広がり，構成物などについて問題を見いだすことができるとよいと思います。ただし，これらのことは個々の教師の努力だけではなかなか解決できないところもあります。ぜひ，行政や外部の施設を含めた積極的なバックアップを期待したいところです。

自然の恵みと火山災害・地震災害（一部が3年から1年へ移行）

平成29年版の学習指導要領では，3年の一部の内容が移行し，「自然の恵みと火山災害・地震災害」という項目が設定され，以下のように記述されています。

> 自然がもたらす恵み及び火山災害と地震災害について調べ，これらを火山活動や地震発生の仕組みと関連付けて理解すること。

平成20年版では，3年の「自然と人間」の「自然の恵みと災害」について総合的に学んでいました。

日本はその国土の特徴から，自然からの多くの恵みを得ながら人々が生活していますが，多くの自然災害にも悩まされています。近年は防災，減災への意識が高まっており，学習指導要領においても重視すべき点となってきました。平成29年版では，1年で火山災害・地震災害を取り上げ，2年で気象災害を取り上げ，3年では地域の自然災害について総合的に調べ，自然と人間の関わり方について認識することを目指しています。**火山災害・地震災害について，内容が関連する単元と連続して学習することで，火山活動や地震発生の仕組みと関連付けることが容易になったと言えます。**自然の恵み，防

災，減災を意識しながら，改めて単元の指導計画を立ててみる必要があるでしょう。

2 第2学年の内容の改訂

気象要素（一部が1年から2年へ移行）

平成29年版の学習指導要領では，「気象観測」の項目が新たに「気象要素」と「気象観測」に分割され，「気象要素」について，以下のように記述されています。

> 気象要素として，気温，湿度，気圧，風向などを理解すること。また，気圧を取り上げ，圧力についての実験を行い，圧力は力の大きさと面積に関係があることを見いだして理解するとともに，大気圧の実験を行い，その結果を空気の重さと関連付けて理解すること。
>
> 下線は筆者による

平成20年版では，1年の第1分野で圧力及び大気圧について学習していたので，気象要素としての気圧については1年の学習を振り返りながら進めていけばよかったのですが，平成29年版では1年において圧力及び大気圧についてはまったく学習していないので，ここでこれまでのような圧力及び大気圧の学習を行うことになります。

分野を越えた移行には戸惑うところがあるかもしれませんが，中学校における気象の学習では，物理的な事象との関連を図りながら気象に関わる事象の理解に至る場面が少なくありません。内容の系統性を考えれば，気象要素として気圧を学習する場面で圧力についての深い理解をはかることにも意義はあると思います。

力と圧力に関わる内容について，3年間のカリキュラムの構成要素が学年，

分野を越えて移行しています。**これまで通りの指導計画で進めてしまうと、うまくつながらないところが出てくる可能性があります。**校内でカリキュラムを検討するに当たっては、3年間を見通したカリキュラムで学習内容を確認するとともに、校内に複数の理科教師がいる場合は、指導方針について、相互に情報共有を図っておく必要があります。

自然の恵みと気象災害（一部が3年から2年へ移行）

　平成29年版の学習指導要領では、3年の一部の内容が移行し、「自然の恵みと気象災害」という項目が設定され、以下のように記述されています。

> 気象現象がもたらす恵みと気象災害について調べ、これらを天気の変化や日本の気象と関連付けて理解すること。

　1年のところでも述べましたが、平成20年版では、3年の「自然と人間」の「自然の恵みと災害」について総合的に学んでいました。一方、日本はその国土の特徴から、自然からの多くの恵みを得ながら人々が生活していますが、それと同時に多くの自然災害に悩まされています。近年は防災、減災への意識が高まっており、学習指導要領においても重視すべき点となってきました。平成29年版では1年で火山災害・地震災害を取り上げ、2年で気象災害を取り上げ、3年では地域の自然災害について総合的に調べ、自然と人間の関わり方について認識することを目指しています。

　気象災害について、内容が関連する単元と連続して学習することができることで、天気の変化や日本の気象と関連付けることが容易になったと言えます。自然の恵み、防災、減災を意識しながら、改めて単元の指導計画を立ててみる必要があるでしょう。

3 第3学年の内容の改訂

月や金星の運動と見え方（より重視）

　平成29年版の学習指導要領では，「月や金星の運動と見え方」について以下のように記述されています。

> 　月の観察を行い，その観察記録や資料に基づいて，月の公転と見え方を関連付けて理解すること。<u>また，金星の観測資料などを基に，金星の公転と見え方を関連付けて理解すること。</u>
>
> 　　　　　　　　　　　　　　　　　　　　　　　　下線は筆者による

　平成20年版では，「太陽系の構造」における惑星の見え方について，金星を取り上げ，その満ち欠けと見かけの大きさを扱うこととされていましたが，平成29年版では月の見え方と金星の見え方を合わせて取り上げています。このように，内容の取扱いから本文へ移行した背景には，探究的な活動を設定できるようにしようとする意図を読み取ることができます。

　例えば，生徒は月の満ち欠けを学習しています。金星の観測資料などを提示することで，生徒に月の満ち欠けとの共通点や相違点に気付かせることができます。そうした活動の中で，**生徒に問題を見いださせ，モデルを活用した実験などを通した探究的な学習を設定することが可能**です。

第4章

理科の見方・考え方と授業づくり

CHAPTER
4

「理科の見方・考え方」とは

1 「見方・考え方」

　第1章でも触れましたが，平成29年版の学習指導要領では，「見方・考え方」は**資質・能力を育成する過程で働く，物事を捉える視点や考え方**とされています。理科の学習では，「理科の見方・考え方」を働かせながら，知識及び技能を習得したり，思考，判断，表現したりしていきますが，それと同時に，学習を通して，「理科の見方・考え方」はより豊かで確かなものとなっていくと考えられます。なお，「見方・考え方」には，まず「見方」があり，次に「考え方」がある，といったような順序性はありません。

2 「見方」について

　平成29年版の学習指導要領において，理科はその内容からエネルギー領域，粒子領域，生命領域，地球領域に分けて考えることができますが，それぞれの領域の主な「見方」として，以下のようなものがあげられています。

○エネルギー領域…主として**量的・関係的な視点**で捉えること
○粒子領域…………主として**質的・実体的な視点**で捉えること
○生命領域…………主として**多様性と共通性の視点**で捉えること
○地球領域…………主として**時間的・空間的な視点**で捉えること

ただし,これらの視点は領域固有のものではなく,他の領域においても用いられる視点であることや,ここで示した以外の視点もあることに留意しておく必要があります。

3 「考え方」について

平成29年版の学習指導要領解説において,「考え方」は,「比較したり,関係付けたりするなどの科学的に探究する方法を用いて考えることとして整理することができる」としています。平成29年版の小学校学習指導要領解説では,「考え方」について,より具体的な例をあげて解説しています。この内容は中学校の学習においても重要なものを含んでいると思われるので,参考に掲載します。

○**比較する**
　複数の自然の事物・現象を対応させ比べること。比較には,同時に複数の自然の事物・現象を比べたり,ある自然の事物・現象の変化を時間的な前後の関係で比べたりすることなどがある。
○**関係付ける**
　自然の事物・現象を様々な視点から結び付けること。「関係付け」には,変化とそれに関わる要因を結び付けたり,既習の内容や生活経験と結び付けたりすることなどがある。
○**条件を制御する**
　自然の事物・現象に影響を与えると考えられる要因について,どの要因が影響を与えるかを調べる際に,変化させる要因と変化させない要因を区別するということ。
○**多面的に考える**
　自然の事物・現象を複数の側面から考えること。

物理領域
力の合成・分解を例として

1 量的・関係的な視点

　「エネルギー」を柱とする領域の主な「見方」としては，**「量的・関係的な視点」**があげられています。物理領域の学習を振り返ってみると，自然の事物現象に関係している要因を数量として捉え，それらがどのように関係しているのかを明らかにしようとする学習が多いことに気付きます。

　普段のなにげない身の回りの現象の中から数量的な要素を見つけ，その関係的な視点から規則性を見いだすことは，この領域の醍醐味と言えます。以前，筆者が力と運動の授業を行ったとき，斜面を下る台車の運動の記録テープを処理する際に，ある生徒が0.1秒ごとに細断したテープを用紙に貼りながら，思わず「きれい！」という声をあげました。その感性には，拍手を贈りたくなります。

　「力の合成・分解」を例として取り上げてみましょう。荷物に結ばれた２本のひもを２人で持ち，荷物を２人で支える場面を考えてみます。この学習では，まず１人で持ったときに，手がひもを引く力を測定し，その次に２人の手がそれぞれひもを引く力について，それらがなす角度と力の大きさを測定します。角度を変化させながら２力の大きさを測定し，同じ働きをする１力と２力にどのような関係があるかを探究していきます。

　結果の数値を比較するだけでも，様々な傾向や規則性を読み取ることができますが，加えて結果を作図で表すことを通して，「２力を表す矢印を２辺とする平行四辺形をかいたとき，合力の矢印はその対角線として表される」

というきまりを見いだすことができるわけです。

　このように書いてみると、これまでに私たちが実践してきたことと特に変わりはないと感じるかもしれませんが、ここで重要なことは、**生徒が自ら「見方・考え方」を働かせて探究しようとしているか、その学習過程を通して資質・能力の育成が図られているか**ということなのです。教師が生徒に対して、具体的な手立てを講じているかということが問われるわけです。

　ていねいに実験のワークシートを作成し、２力のなす角度の測り方、１力と２力の大きさの測り方、結果のまとめ方を解説すれば、生徒は「見方・考え方」を働かせなくても、教師の指示に従った「作業」によって実験結果を手にすることができます。さらに、教師の指示にしたがって実験結果を基にした作図を行い、「平行四辺形に見えないか」と問われれば、何となく自分が作図した図が平行四辺形に見えてくるかもしれません。しかし、**料理のレシピを再現するかのような授業の中では、生徒自らが「見方・考え方」を働かせる場面を設定することはできず、資質・能力の育成も難しくなります。**自身の実践を振り返ってみても、生徒が「見方・考え方」を働かせる授業になっていたのかという点で、反省することは少なくありません。

2　課題を把握する

　授業を実践する場面を考えると、ついつい先を急いでしまい、本題から授業に入ってしまうことがあります。気を付けないと、生徒はやっていることの意味がわからず、教師の指示にしたがって「作業」を行う授業になってしまうことがあります。特に、**目に見えない力を扱う単元ではなおさら**です。導入の大切さを改めて考えさせられます。

　以前、東京都内の公立中学校で授業を見学する機会をいただきました。授業を担当されたのは若手の先生で、日頃から熱心に授業研究に取り組んでいる様子が伝わるような授業でした。

　参観した授業は、角度をもって働く２力の合成に関わる内容の導入の部分

です。ひもがつながった砂袋を各班に渡し、生徒が実際に砂袋を持ってみるという体験的な活動からスタートしました。2人でひもを持ち、いろいろな角度で砂袋を支えてみることで、力の大きさを実感することができます。活動を通して生徒に気付きを促し、体験の中から課題を把握することを大切にしていることがわかり、感心したことを覚えています。

下の図は砂袋を1人で持ったときと2人で持ったときの様子を表しています。

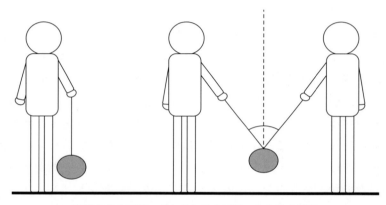

砂袋を1人で持ったときと2人で持ったときの様子

一般的に、荷物を1人で持つよりは2人で持った方が、1人当たりの力の大きさは小さくて済むという印象があります。実際に生徒にいろいろな持ち方をさせてみると、ひもの開き方によって、その力の大きさが異なることを実感します。さらに、開き方によっては、かえって1人で持つよりも大きな力が必要となる場合もあります。

2力が同一作用線上で同じ向きに働く場合は、2人がひもを引く力の大きさの和が1人でひもを引く力の大きさと等しくなります。例えば、1人で砂袋を支えたときに手がひもを引く力の大きさが10Nで、2人で支えたときに手がひもを引く力の大きさがそれぞれ4N、6Nであれば、4Nと6Nの和が10Nとなるということです。おそらく、このことは生徒がもっている

感覚と一致しますが，２力が角度をもっていても，漠然と一直線上の場合と同じ感覚で捉えている生徒もいます。

ひもの開き方によって力の大きさが変化するという体験は，新たな疑問を誘発することにつながり，**「開き方を変化させたときに１人で持ったときの力の大きさと同じ働きをする２力との関係はどのようになるのか」**という課題を生み，「見方・考え方」を働かせて探究してみようとする動機が生まれます。

3 課題を探究する

探究を進めるためには，調べる数量と実験方法を明らかにしておかなければ，「見方・考え方」を働かせようにも，その枠組みが定まりません。２力の角度を表すためには垂線に対するひもの角度が測定できることに，手がひもを引く力の大きさについてはばねばかりで測定できることに気付かせます。実験方法については，演示実験で行ったように，砂袋を用いた実験を行うことも可能ですが，小さなスケールで精度の高い実験を行うために，一般的には机上でばねばかりを使用してばねを引く実験が知られています。その場合，導入で行った砂袋に相当するものは何なのか，手がひもを引いている力に相当するものはどの力なのかという点に気付かせる必要があります。

また，開き方を変化させたとき，１力と同じ働きをする２力との関係を調べることが実験のねらいなので，常に同じ重さのおもりをつるしたり，ばねを同じ長さだけ伸ばしたりするなど，**必要な条件を統一して比較するという考え方を働かせる必要があります。**

生徒は探究的な活動を通して，左右の角度が等しい場合は２力の大きさは等しいこと，角度が大きくなるほど２力の大きさが大きくなることに気付きます。ある角度より大きく開くと，１力より２力の方がかえって大きな力が必要となることにも気付きます。また，左右の角度を異なる角度にした場合は２力の大きさは等しくならないこと，角度が小さい側の方がより大きな力

第4章

になることに気付きます。

このように、量的・関係的な視点から条件を統一しながら結果を比較することによって、自然事象から様々な傾向を読み取ることができるわけです。

ただし、数値の比較だけでは、結果から読み取れることには限界があります。得られた結果から同じ働きをする1力と2力の関係に関わる規則性に気付かせるためには、作図を行ったうえで矢印を用いた図形として実験結果を捉え直し、複数の結果を総合的に検討して共通点を見いだすという「見方・考え方」を働かせる必要があります。こうした「見方・考え方」をすべての生徒が自発的に働かせることは難しい場合もあるので、ヒントを与えて考えさせるなど支援は必要です。**作図が単なる作業にならないよう、何のために作図を行っているのか、その意図を生徒自身に認識させたい**ところです。

4 課題を解決する

1力と同じ働きをする角度をもった二力を作図し、矢印の先端を破線で結びます。様々な班の作図を相互に共有する場面を設定し、それらにどのような共通点があるかを考察させるようにします。

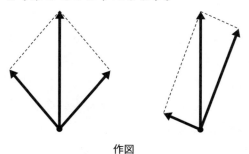

作図

上図のように、左右の角度が等しい場合はひし形が現れ、左右の角度が異なる場合は平行四辺形が現れます。ひし形も平行四辺形の一種であることを考えれば、「2力を表す矢印を2辺とする平行四辺形をかいたとき、合力の

矢印はその対角線として表される」と考えることができます。

生徒実験の精度は班によってばらつきが大きく，厳密には平行四辺形にはなっていないものも多いものです。**複数の図を比較する中から，全体として平行四辺形になる傾向があることを見いださせたい**ところです。

5 実践から改めて振り返る「見方・考え方」

理科の教師は，教科に関わるある程度の知識と経験を備えているので，自然の事物・現象について，多様な見方や考え方をもっています。しかし，ときどきそのことを忘れ，つい「ありのままに観察すればよいのだ」という助言をしてしまうことがあります。**知識や経験が乏しく，個々の素朴な概念を保持している生徒が教師と同じような認識に立っているとは限りません。**ぜひ，生徒が「見方・考え方」を働かせることができるような授業づくりを考えていきたいものです。

6 「理科の見方・考え方」をより豊かにするために

理科の学習において，生徒は「理科の見方・考え方」を働かせながら，知識及び技能を習得したり，思考，判断，表現したりしますが，**学習を通して，「理科の見方・考え方」はより豊かで確かなものになっていきます。**

例えば，生徒が斜面上の物体に働く力について検討する場面に出合ったとします。物体に働く重力を捉え，重力を斜面に平行な方向と斜面に垂直な方向とに分けて検討することが必要な場面に遭遇します。その際，今回の事例で働かせた「見方・考え方」を働かせて探究を進められるでしょう。

ここで紹介した実践は1つの例ですが，「見方・考え方」を働かせる場面をある単元で設定したら，同じような「見方・考え方」を生かせるような場面を別の単元でも設定し，「見方・考え方」がより豊かなものになるような工夫を加えたいものです。

化学領域
酸化還元反応を例として

1 質的・実体的な視点

　「粒子」を柱とする領域の主な「見方」としては，**「質的・実体的な視点」**があげられています。粒子領域の学習を振り返ってみると，物質の性質に注目したり，物質を微視的に捉え，物質の様々な変化について明らかにしようとする学習が多いことに気付きます。物質の性質や変化を巨視的に観察するとともに，それらを微視的に捉え，粒子のモデルなどでうまく説明できることは，この領域の醍醐味の1つです。

　「酸化と還元」を例として取り上げてみましょう。酸化銅と炭素を用いた実験について考えてみます。

　この学習では，酸化銅と炭素の混合物を試験管に入れて加熱します。すると，試験管内には赤褐色の固体が残り，固体の表面を磨くと金属光沢が現れます。また，気体誘導管を通して気体が発生し，発生した気体を石灰水に通すと白濁します。反応前後の比較や，生成した固体や発生した気体を調べることを通して，物質がどのように変化したのかを探究します。

　実験結果を検討するだけでも，どのような変化が起こったのかをある程度読み取ることができますが，原子や分子のモデルを用いて検討を加えることで，どのような変化が起こるのかを予想したり，どのような変化が起こったのかを推論したりすることができるようになります。

　このように書いてみると，これまでに私たちが実践してきたことと特に変わりはないと感じるかもしれませんが，ここで重要なことは，**生徒が自ら**

「見方・考え方」を働かせて探究しようとしているか，その学習過程を通して資質・能力の育成が図られているかということなのです。他の領域のところでも書きましたが，教師が生徒に対して，具体的な手立てを講じているかということが問われるわけです。

　ていねいに実験のワークシートを作成し，酸化銅と炭素を加熱する実験の方法，試験管内に残った固体の調べ方，発生した気体の調べ方を解説すれば，生徒は「見方・考え方」を働かせなくても，教師の指示に従って「作業」をすれば実験結果を手にすることができます。さらに，教師の指示にしたがって銅が特有の色を示すことや金属特有の性質，二酸化炭素の性質を思い出せば，酸化銅と炭素から銅と二酸化炭素ができたと書くことはできるかもしれません。しかし，料理のレシピを再現するかのような授業の中では，生徒自らが「見方・考え方」を働かせる場面を設定することはできず，資質・能力の育成も難しくなります。

2 課題を把握する

　先にも書きましたが，唐突に本題から授業に入ってしまった場合，生徒はやっていることの意味がわからず，教師の指示にしたがって「作業」を行う授業になってしまうことがあります。微視的な粒子を扱う単元でも注意が必要です。

　私たちは様々な場面で金属を利用して生活をしていますが，単体の金属として地中に埋まっていることは稀で，多くの場合は化合物の状態で存在しています。それらの化合物をいかに還元して金属を取り出すかが人類の知恵でした。人類は古くから銅や鉄などを利用してきましたが，資源として豊富であることと還元がしやすいことが広く使われるようになった理由でしょう。

　ここでは，以前に参観した授業を基に，授業の展開について考えていきたいと思います。導入では金属の利用の概要について触れた後に酸化銅（Ⅱ）を生徒に提示し，「銅を利用するために，酸化銅から銅を取り出したいがど

うしたらよいか？」と投げかけます。ある生徒は，酸化銀の熱分解の経験から，酸化銅を加熱すれば銅と酸素に分かれるので，銅が取り出せるのではないかと考えます。別の生徒は，酸化銅の酸素を別の物質が奪うことができれば銅が取り出せるのではないかと考えます。どちらの意見も根拠が示されており，検討する価値がありそうです。

そこで，まず酸化銅を加熱する実験を演示で行い，その変化の様子を観察させます。もし銅ができるとすると，どんなことが起こると思うかを生徒に投げかけると，赤褐色の物質ができることや，気体が発生することを予想することができます。実際に酸化銅を加熱しても気体は発生せず，試験管内の固体も黒色のままでした。酸化銅の熱分解によって銅を取り出すことが容易ではないことがわかります。

演示実験の結果を踏まえ，酸化銅から酸素を奪うことができる候補として，生徒に知っている物質をあげさせると，水素，炭素，いろいろな金属などが出てきます。安全性を考えれば，すべてを試すわけにもいかないので，反応後の銅だけが残り，なおかつ比較的に安全であると考えられるものとして炭素を採用することにします。生徒の自発的な意志にまかせて探究的な活動を展開したい気持ちもありますが，何らかの制約を加えざるを得ないのも致し方ないところでしょう。

生徒はすでに原子や分子を学習しており，様々な物質を原子のモデルを用いて表現することを経験しています。今回の課題についても，微視的に捉え，酸化銅と炭素が反応したとするとどのような物質ができるかを推論することが可能です。

このような過程を経ることで，**「酸化銅と炭素の混合物を加熱すると銅を取り出すことができるのか」**という課題を生み，「見方・考え方」を働かせて探究してみようとする動機が生まれます。

3 課題を探究する

探究を進めるためには，調べる物質の性質と実験方法を明らかにしておかなければ「見方・考え方」を働かせようにも，その枠組みが定まりません。課題を設定する際に，生徒は銅が生成し，二酸化炭素が発生することを推論していると思われるので，銅であることを調べるには，銅の色や金属光沢，二酸化炭素であることを調べるには，石灰水が白濁したことに注目すればよいことに気付かせます。また，化学変化の学習では反応前の様子を観察させ，反応後の様子と比較するという考え方も大切であることにも気付かせます。

実験装置は下の図のようなものを用います。

酸化銅と炭素の混合物

石灰水

酸化銅と炭素の混合物を加熱する実験

類似した装置は炭酸水素ナトリウムの熱分解などでも経験しており，気体の調べ方についても慣れてきているはずです。もしも時間に余裕があれば，実験方法の概略を考えさせてみることもできるでしょう。ただし，化学実験は安全上の問題が多いので，実際に実験を行う場面では，実験方法と注意事

項を確認してから実験を行わせるようにします。**完全に生徒まかせにすることはできません。**

4 課題を解決する

生徒は，探究的な活動を通して，銅が生成したこと，二酸化炭素が発生したことを見いだすことができます。

また，原子，分子などの微視的なモデルを用いて検討を加えることで，下図のように，炭素原子が酸化銅の酸素原子を奪って二酸化炭素となり，銅原子が残ったことを実験結果と関連付けながら推論することができます。

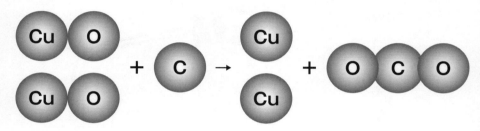

酸化還元反応とモデル

このように，質的・実体的な視点から，反応前後の物質の性質を比較したり，既知の物質の性質と比較したり，原子，分子のモデルを用いて考察することで，自然事象から物質の変化について読み取ることができるわけです。

5 実践から改めて振り返る「見方・考え方」

酸化還元反応の学習は，様々な化学変化を経験した後に登場するので，**それまでの「見方・考え方」を働かせた経験を関連させたい**ところです。

しかし，すべての生徒がうまく見方・考え方を働かせることができるわけではありません。これまでの学習でどのような「見方・考え方」を働かせた

のかを振り返らせ，生徒の実態に応じた支援を繰り返すことが大切です。

6 「理科の見方・考え方」をより豊かにするために

　理科の学習において，生徒は「理科の見方・考え方」を働かせながら，知識及び技能を習得したり，思考，判断，表現したりしていきますが，学習を通して，「理科の見方・考え方」がより豊かで確かなものになっていきます。

　例えば，鉄鉱石から鉄をつくるなど，金属の製錬を検討する場面に出合ったとします。鉄鉱石は主に酸化鉄からできており，一緒に投入するコークスは主に炭素からできているため，加熱することによって発生した一酸化炭素が酸化鉄を還元し，鉄がつくられることについて「見方・考え方」を働かせて検討することができます。

　別の例では，二酸化炭素中に点火したマグネシウムを入れたときの変化について検討する場面に出合ったとします。物質の性質に注目したり，事象を微視的に捉えながら検討する場面に遭遇します。その際には，今回の事例で働かせた「見方・考え方」を働かせて，探究を進めることができることでしょう。

第4章

生物領域
生物の分類を例として

1 多様性と共通性の視点

　「生命」を柱とする領域の主な見方としては，**「多様性と共通性の視点」**があげられています。

　例えば，身の回りの昆虫の多様性には目を見張るものがあります。昆虫はそれぞれの体の特徴を生かしながら，様々な生育環境に適応しています。樹液を吸うセミの口が細い管状になっていたり，花の蜜を吸うチョウの口が細い管を巻いた状態になっていたりするなど，その多様性に気付くと感動を覚えます。その一方で，よく観察してみると，頭部と胸部と腹部に分かれていることや，3対の足をもっていることなど，共通の性質を見いだすことができます。

　花の色や形状も多様です。花は子孫を残す戦略として，その特徴を生かしながらさまざまな生育環境に適応しています。その一方で，よく観察してみると，おしべ，めしべなどのように共通の特徴を見つけることができます。

　このように，多様性と共通性の視点から生物の世界を眺めてみると，いろいろな知見が得られます。

　主な見方として「多様性と共通性」が例示されていますが，生物の領域としては**「部分と全体」や「構造と機能」などの視点も重要**であることにぜひ留意しておきたいものです。

　ここでは「生物の観察と分類の仕方」を例として取り上げてみましょう。平成29年版の学習指導要領において，1年の生命領域で「生物の特徴と分類

の仕方」が新たに設けられたことはすでに述べました。これまでの中学校の分類の学習と言えば，すでに分類されたものを整理して覚えるという印象がありました。「生物の観察と分類の仕方」が新設されたことは，資質・能力ベイスの教育課程に改訂された生物領域の象徴的な改善点と言えます。

2 課題を把握する

　指導に当たっては，まず多様な生物が生息していることを意識させることからスタートします。例えば，平成29年版の学習指導要領では，「生物の特徴と分類の仕方」に先立って，「生物の観察」が設定されています。学校の敷地内を探検し，様々な植物や動物を発見する学習などが考えられます。大きさ，色，形，生活場所の環境などに注目して記録します。ここでは，できるだけ多様な生物に出合うことが大切なので，必ずしも精密なスケッチを求めなくてもよいと思います。観察に当たっては，生物にできるだけ負荷をかけないようにします。観察が終わったら，資料集，図鑑，ネット上の情報などを用いて調べ学習を行い，生物の特徴についての情報を加えるのもよいでしょう。こうした活動を通して，生物の多様性に気付かせます。一方で，生徒は多様性に気付くとともに，共通性にも気付き始めます。**どのようにしたら生物を分類できるのかが次の課題**となります。

3 課題を探究する

　例えば，親しみのある20種類程度の生物を取り上げ，生物が生息している場所や，活動的な季節，色，形，大きさなどの姿，増え方，栄養分のとり方などの特徴に基づいた観点や基準を考えさせます。ここで言う観点とは，分類に使う項目のようなものを指し，基準とは，それぞれの観点における具体的な標準や範囲となるものを指します。ここであげた観点は一例であり，観点や基準を含めて生徒に考えさせることが重要です。生物の多様性と共通性

に注目し，ある観点や基準を設定することで，それらを分類できる資質・能力を育成することを意図しているからです。ここでは学問としての系統分類を理解させることについてはこだわらず，生徒一人ひとりの発想を大切にします。ただし，好きな生物と嫌いな生物など，客観性が疑われる観点や基準はこの学習にはなじみません。

　生徒に「知っている動物をあげてみよう」と投げかけ，そこから学習をスタートすることもできます。生徒によってあげることのできる動物の種類には差がありますが，数分間の時間を与えれば，数十種類の動物をあげることができるでしょう。最終的には，学級で20種類から30種類程度の動物をあげてみるとよいでしょう。生徒の中には，特定の動物の仲間に詳しく，例えば，セミだけで何種類もあげるようなマニアックな生徒もいますが，学級全体として残す場合は，**一般的に共有できるようなものを残します**。下の枠にあげた動物は，村越悟（2017）の実践で取り上げた動物の一覧です。

ウマ　キリン　ゾウ　ライオン　サル　ネズミ　ネコ　イヌ　シマウマ
カエル　メダカ　フナ　コイ　イルカ　シャチ　クジラ　イッカク
セミ　アリ　バッタ　チョウ　ミミズ　マイマイ　トカゲ　ヘビ
カラス　スズメ　ハト　ムササビ　コウモリ

村越悟（2017）より

4　課題を解決する

　「これらを分けるために何に注目して分ければよいか？」と問いかけると，何を基準として分類するかということについての意見が出てきます。生息地，食べ物，羽の有無など，いろいろな意見があります。こうした意見の中から，可能なものについて，実際に分類してみます。まず，個人で観点や基準を設定し，実際に分類をしてみます。その後，班などの小集団でそれぞれの分類

の仕方を発表し，その分類の妥当性を検討するとともに，相互の分類の仕方を共有します。さらに，班の中で選んだ代表的なものを発表させ，学級全体で共有することも考えられます。

知識が先行している生徒の中には「○○類」などという基準をあげる生徒がいるかもしれませんが，そのような生徒には，**○○類がどのような特徴をもっているかを問い返し，学級で共有できるものにします。**

5 実践から改めて振り返る「見方・考え方」

理科の教師は，すでに系統的に分類された生物について，どのような観点及び基準で分類されているかということを理解しているので，多様な生物の世界をある枠組みをもって眺めることができます。それに比べると，学習が進んでいない生徒の目には，多様な生物の世界は混沌としたものとして写っているかもしれません。**自分自身で「見方・考え方」を働かせて分類するという経験を通して生物の分類に関わる資質・能力を育成することは，その後の生物の領域の学習における捉え方の変容につながる**でしょう。

6 「理科の見方・考え方」をより豊かにするために

生物の領域では，様々なところで分類に関する学習が登場します。今後はどのような背景から，どのような観点や基準を設定し，どのように分類されたものなのかを意識して扱っていきたいところです。

一方，分類することは生物の領域に限ったことではありません。様々な物質を分類する場合でも，同様の資質・能力が期待されます。さらに言えば，理科以外においても，類似した活動が想定できる場面があります。領域や教科を越えて，資質・能力が転移していくことを期待したいところです。そのためには，**教師自身が生徒にどのような「見方・考え方」を働かせ，どのような資質・能力を育成しようとしているのかを意識しておきたい**ものです。

地学領域
金星の運動と見え方を例として

1 時間的・空間的な視点

「地球」を柱とする領域の主な「見方」としては，**「時間的・空間的な視点」**があげられています。

例えば，大地の変化においては，地下のプレートの働きや地表の大気や流水の働き等を立体的な空間の中で捉え，時間の経過とともに大地に関わる事象がどのように変化してきたかを検討します。気象の学習においては，地表から上空1万メートルほどの空間における大気や水の動きを時間の経過とともに捉え，気象に関わる事象がどのように変化するかを検討します。天体の学習においては，観察者の視点と宇宙から俯瞰した視点を相互に往還しながら，時間の経過とともに天体の関わる事象がどのように変化するのかを検討します。このように考えてみると，地学領域で扱っている時間及び空間は他領域の学習に比べてきわめて長大であり，このことが，この領域の学習を特徴付けていると言えます。

理科の学習では，経験を通して学ぶことが大切であると言われますが，対象としている自然事象があまりに長大であるために，理科室の中で直接に再現することが不可能なものがほとんどです。そのため，映像教材の視聴から考えさせたり，標本の観察からさまざまなことを気付かせたり，自然事象をモデル化した実験を通して考えさせたりすることが多くなります。**実際の自然事象の時間的，空間的なスケールとどのように関連付けるかという点も，この領域の重要な課題**となります。

理科の見方・考え方と授業づくり

　夜空に浮かぶ天体から宇宙の壮大さを感じたり，大地の変動の痕跡から悠久の時間の流れを感じ取ったり，改めて人間の存在について振り返ったりするなど，時間的・空間的な視点で自然事象を捉えることで感性がゆさぶられます。こうした点も，この領域の魅力と言えるでしょう。ここでは，地質，気象，天体の学習から主な事例を取り上げてみます。

2　課題を把握する

　月に比べると，金星の存在を日常生活で意識することは難しいのですが，日没後に西の空にひときわ明るく見える明星が金星であることは，どこかで経験させたいところです。

　課題の把握に当たっては，金星の観測資料を提示し，そこから金星が月と同様に満ち欠けをすることや，月と異なり大きさが変化することに気付かせます。太陽と地球と金星の相対的な位置によって，どのように金星の大きさや形が変化するのかを明らかにすることがここでの課題となります。

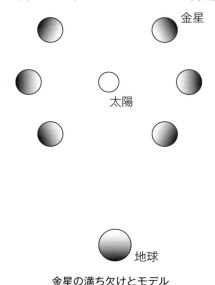

金星の満ち欠けとモデル

097

課題についてどのようにアプローチしていくかという点も，授業者が考えておきたいポイントです。授業者の考え方によるかもしれませんが，ここでいきなり手を放してしまうと，戸惑う生徒も多いでしょう。太陽の周りを惑星が公転をしていることを振り返り，金星が地球の内側の軌道を公転していることを確認します。そのうえで，太陽に見立てた電球や地球，金星に見立てた立体的な球形のモデル等を用意し，モデルとしての空間を示し，何をモデル化したものであるかを明らかにします。地学領域では実際の自然事象を理科室内で再現することが難しいので，モデル実験を行うことが多いのですが，**モデル実験と実際の自然事象との関連が希薄なまま学習を進めてしまう生徒が少なくありません。**早い段階で，この点は確認するようにしましょう。

3 課題を探究する

地球も金星も太陽の周りを公転していることに触れつつ，この探究では相対的な位置によって金星の見え方が変化することを生徒に探究させます。生徒の混乱を避けるという意味では，太陽と地球を固定し，金星を動かして考えさせるのが一般的でしょう。宇宙から俯瞰した視点で太陽と金星と地球の関係を捉えることができたとしても，地球上の観察者として，金星の見え方を推測できるとは限りません。このような視点の移動は，すべての生徒が自在にできるわけではありません。視点の移動ができるようにするためには，**俯瞰してモデルを見る視点と観察者の視点に立てるような教材**を工夫する必要があります。

例えば，部屋を暗くして，太陽に見立てた電球の周りに，金星に見立てた発泡スチロール球を公転軌道上に並べ，地球の公転軌道上の定点に実際に生徒が立ち，観測者の視点で金星の見え方を記録するようにします。

月の満ち欠けと異なり，課題を設定している段階で見え方の要素として大きさにも注目させています。そのため，大きさを比べる基準となるスケールが必要です。例えば，穴の開いた厚紙を目から等距離の位置に持たせ，金星

の位置による見え方の違いを調べさせることが考えられるでしょう。こうした方法についても，教師の**「大きさはどうしたら比べられるの？」**などという問いかけが，生徒が主体的に方法を考える機会をつくり，やっていることの意味を実感するきっかけを与えます。

4 課題を解決する

地球に対する金星の位置によって，満ち欠けや大きさはどのようになるかを発表させます。班によって見解が分かれたり，納得がいかないときは，モデルの観察を繰り返し，**生徒自身が体感的に納得できるところまでじっくりと活動を保障してあげることが重要**です。

5 実践から改めて振り返る「見方・考え方」

最後に，実際の金星の満ち欠けと大きさの変化の話題に戻り，何をモデル化して何がわかったのかを明らかにするとともに，時間的，空間的なスケールをモデルと対比させながら意識させるようにします。

太陽と金星と地球の実物を実際に理科室に持ち込んで再現実験を行うことは不可能です。地球領域の学習は，どうしても他領域に比べるとモデルを用いた実験が主体になりますが，気を付けないと，モデル実験が理科室の中で閉じたものになってしまい，モデルの意味が曖昧になってしまっている生徒も少なくありません。**実際の自然事象の何をモデル化したのか，その時間的，空間的なスケールはどの程度異なるのかという点は押さえておきたいもの**です。それにしても，宇宙空間を空間的，時間的に見て実感する，ということは難しく，大きな課題です。

6 「理科の見方・考え方」をより豊かにするために

　今回の金星の満ち欠けの課題では，月の満ち欠けのときに働かせた「見方・考え方」が生かされるはずです。小学校と中学校で月の見え方を扱い，その後に金星の見え方を扱う構成になっているので，ぜひ学んだことを生かせるような授業を設計していきたいものです。

　林間学校などの機会を捉え，できれば実際に金星を観測する機会をぜひ用意してあげたいものです。

　余談ですが，この本を執筆しているときに，ちょうど皆既月食がありました。おそらく，多くの先生方が皆既月食を観察することを生徒に勧めたことと思います。ニュース等でも事前に報道されていたので，生徒も興味・関心をもって観察したことでしょう。必ずしも天体の単元を学習しているとは限りませんが，そこにこだわることはありません。早速，次の理科の授業で皆既月食を取り上げます。多くの生徒が観察しているので，互いに観察したことを共有しやすく，空間的・時間的な視点で自然事象を考えるよいチャンスになります。

7 野外学習の実施をぜひ

　学習指導要領では古くから野外学習を推奨していますが，日頃の授業の中で地質に関わる野外観察が行える環境が整っている学校は少数派でしょう。それでも，可能な限り，生徒にいろいろな体験をさせたいところです。

　筆者の初任校は八王子の丘陵地で，学校の裏が丘陵になっていました。高台に登る途中には露頭があり，新旧の関東ローム層の境界を見ることができました。関東ローム層を教えても，理科室ではピンと来ていなかった生徒でしたが，実際に露頭を見せてみると，日常的に目にしていたものと関連付けて考えることができました。また，厚みのある関東ローム層を眺めながら火

山灰からできていることを振り返ると，
「これだけ積もるのにどれだけかかったんだろう？」
という素朴な疑問が生徒の中から出され，長大な空間とともに，堆積に要した時間についても思いをはせることができました。

　私が最後に勤めた中学校は都内の区部にあったので，あらゆる場所がアスファルトとコンクリートで固められ，なかなか野外学習が成立するような教材がありませんでした。しかし，幸運だったのは，秩父盆地で1泊2日の野外学習が実施されており，時間的，空間的な見方を保障する貴重な機会となりました。

　私が心を動かされた場所を紹介したいと思います。

　1つめは，秩父ミューズパークにある地層です。秩父盆地には河岸段丘が形成されており，高位段丘の露頭には角がとれた丸い石が見つかります。荒川の流れに比べると，はるかに高い位置で観察されたこの石は，この場所がその昔，川底であったことを語っています。注意深く観察しないとわかりにくいのですが，これらのれきはインブリケーション（覆瓦構造）と呼ばれる規則性をもった並び方をしており，これによって水の流れの向きを知ることができます。生徒のレポートからは，時間的・空間的なスケールに心を動かされていることが読み取れました。

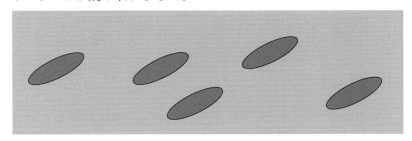

関東ローム層中の角がとれたれき

　また，同じ秩父盆地の取方（とりかた）という場所には，次ページの図のような露頭があります。

第4章

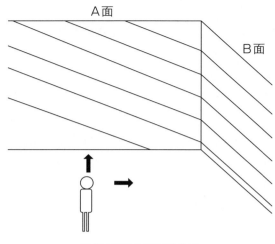

秩父市取方の川原の地層

　図の中に立っている人からA面を見ると，左上から右下に向けて斜めの地層ができていることがわかりますが，B面を見ると地層が水平に見えます。なぜ，このように見えるのかを生徒に考えさせると，生徒は地層の様子を見ながら，必死にその理由を考えようとします。

　ここでは，斜めになった地層を川が浸食しており，川原に立っている人は，同じ地層を異なる角度から見ているのです。この課題を通して，地層は見る角度によって見え方が異なるので，多面的に見なければならないことを実感します。まさに，空間的に見る貴重な経験ができたと言えます。

　やっぱり野外学習はいいな，と改めて思います。

第5章

学習過程と授業づくり

CHAPTER
5

主体的・対話的で深い学びからの学習過程の改善

1 主体的・対話的で深い学び

「アクティブ・ラーニング」というキーワードが巷にあふれましたが，平成29年版の学習指導要領に関わる記述では，アクティブ・ラーニングという言葉は影を潜め，該当するところは**「主体的，対話的で深い学びの視点からの授業改善」**と表現されています。

中央教育審議会答申では，次のように述べられています。

> 　指導方法を焦点の一つとすることについては，注意すべき点も指摘されてきた。つまり，育成を目指す資質・能力を総合的に育むという意義を踏まえた積極的な取組の重要性が指摘される一方で，指導法を一定の型にはめ，教育の質の改善のための取組が，狭い意味での授業の方法や技術の改善に終始するのではないかといった懸念などである。我が国の教育界は極めて真摯に教育技術の改善を模索する教員の意欲や姿勢に支えられていることは確かであるものの，これらの工夫や改善が，ともすると本来の目的を見失い，<u>特定の学習や指導の「型」に拘泥する事態を招きかねないのではないかとの指摘を踏まえての危惧</u>と考えられる。
>
> 下線は筆者による

アクティブ・ラーニングという言葉についても，お祭の様相を呈していま

したが，「これがアクティブ・ラーニングであるという」言説に刺激され，自分自身の授業実践に検討を加えないまま，ある特定の型に授業を当てはめていくことは，大きな危険をはらんでいると言えます。資質・能力の育成のために，どのような授業改善が必要なのか，実のある議論が大切でしょう。

「主体的」「対話的」「深い」というキーワードを抽出することができますが，**これらは相互に関係していることに留意が必要**です。ここでは，「主体的な学び」「対話的な学び」「深い学び」の3点について，事例を交えながら考えてみたいと思います。

2 主体的な学び

中央教育審議会の答申では，「主体的な学び」に関わる授業改善の視点について，以下のように記述されています。第1章でも紹介しましたが，再掲します。

> 学ぶことに興味や関心を持ち，自己のキャリア形成の方向性と関連付けながら，見通しを持って粘り強く取り組み，自己の学習活動を振り返って次につなげる「主体的な学び」が実現できているか。

「主体的な学び」が行われていたかどうかは，目に見える形での評価が難しいところですが，私たち教師が授業実践を行うと，「今日は明らかに生徒が生き生きと進んで学習に取り組んでいた」と感じることがあるものです。実践を行った教師の感覚は，およそ間違っていないはずなので，そのような生徒の姿を生み出した要素が何なのかを分析的に見てみることには意義があると思います。良質な実践はたくさんあるはずなので，研修の機会を充実させ，ぜひ教師同士でそれらの実践を共有し，生徒の主体性を高めたと考えられる要素を考えてみたいものです。

例えば，「主体的な学び」が実現される場面としては，以下のような場合

があると考えられます。

> ○興味・関心や疑問を誘発する事象や問いに出合ったとき
> ○既知の知識や技能の活用等を通して，解決の見通しが立ったとき
> ○自分自身でじっくりと考えたり，他者と意見交換をしたりする場が用意され，自分の考えが形づくられるとき
> ○探究の過程を振り返り，新たな疑問に出合ったとき

興味・関心や疑問を誘発する事象や問いに出合ったとき

　例えば，凸レンズと実像のでき方を学習するとき，導入として凸レンズを使用して実像を映し出すものとしてカメラやプロジェクター等を例示することがあります。ひと昔前の一眼レフカメラやスライド投影機などは，機器のふたなどを開けると中の仕組みを見ることができたので，物体が実像として映し出される仕組みを直接に観察することができました。しかし，昨今はデジタル化が進み，内部の構造を理解することが難しくなり，身の回りのものを例示しても，生徒自身の課題となりにくい場合があります。

　そこで，100円均一の店等で扱われている虫眼鏡でもよいので，図のように，生徒一人ひとりに紙と虫眼鏡を持たせ，紙の上に実像を映し出す体験活動を行います。直射日光を見ないようにする等，安全に配慮しなければなりませんが，生徒はいろいろなものを映し出し，凸レンズとスクリーンとしての紙を相互に動かしながら，実像ができる場所が決まっているという感覚や，映し出された実像は上下左右が反対であるという感覚をもつことができます。こうした体験活動を挟

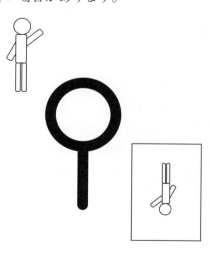

実像を映し出す経験

むことで，「どうして実像ができるのだろうか」という疑問から，**「物体と凸レンズとスクリーンをどのように配置したら像ができるのだろうか」**という具体的な課題を見いだすことにつながります。

　その他にも，生徒が素朴に考えていることとのギャップがあるものについても有効です。例えば，生徒は小学校以来の燃焼の学習から，二酸化炭素中では物質は燃えないと認識していると思われます。しかし，図のように，点火したマグネシウムリボンを二酸化炭素中に入れると，バチバチと音をたてながらマグネシウムリボンが激しく燃焼する様子を観察することができます。「どうして，二酸化炭素中でマグネシウムは燃えたのだろうか」という疑問から，**「二酸化炭素の成分である酸素がマグネシウムと反応し，酸化マグネシウムと炭素ができるのではないか」**という具体的な課題を見いだすことにつながります。

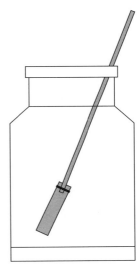

二酸化炭素の還元

既知の知識や技能の活用等を通して，解決の見通しが立ったとき

　例えば，発泡入浴剤から気体が発生する様子を提示します。発生した気体の正体を調べる方法を生徒に考えさせることがありますが，この学習に先行して，生徒は主な気体の発生法，捕集法，性質を学んでいます。教師の方で発生する気体として可能性があるものをある程度絞り込む必要がありますが，生徒は既知の知識や技能を基に，解決の見通しをもつことができます。

　授業において，疑問を誘発し，課題を設定することに成功しても，生徒が見通しを立てられず，せっかく膨らんだ意欲が減退してしまうことがあります。生徒が解決の見通しを立てられるような課題になるよう配慮し，生徒の実態に応じて少しずつヒントを与えるなど，**生徒の意欲の火を継続できるよ**

うな，具体的な足場づくりも考えおきたいものです。

自分自身でじっくりと考えたり，他者と意見交換をしたりする場が用意され，自分の考えが形づくられるとき

　時間に追われてしまうと，どうしても一人ひとりの生徒に考えさせる時間を十分に設定できず，ついつい学習が進んでいる生徒の模範的な発言を基に授業をまとめようとしてしまうことがあります。時間が迫っているときにはやむを得ないこともありますが，このような習慣を続けてしまうと，思考に時間がかかる生徒は考えることをやめてしまい，いずれ提供される模範解答をワークシートに書き込めばよいのだと考え，結果的に主体性が弱まってしまう可能性があります。時間の制約がありますが，できれば**個人個人にじっくりと自分の考えを表出する時間を与え，教師は机間指導を充実させ，個々の生徒の支援に力を注ぐようにしたい**ものです。

探究の過程を振り返り，新たな疑問に出合ったとき

　探究の過程で，新たな疑問に出合うときがあります。

　例えば，塩酸や水酸化ナトリウム水溶液などの水溶液の性質を調べていくと，身の回りの水溶液は何性なのだろうかという疑問がわいてきます。安全に配慮しながら身近な材料を提供することができれば，主体的な活動がさらに広がっていくことでしょう。

　また，力の大きさとばねののびが比例の関係があることを調べていくと，同じように伸縮するゴムの場合でも比例するのだろうかという疑問がわいてきます。ばねの実験を参考に，実験方法を考えさせれば，生徒自身が設定した課題について，主体的に実験方法を考える姿を見ることができます。探究により，力の大きさとゴムののびは比例しないことを見いだすことができます。改めて，ばねがすぐれた素材であることを実感します。

3 対話的な学び

中央教育審議会答申では、「対話的な学び」に関わる授業改善の視点について、以下のように記述されています。

> 子供同士の協働、教職員や地域の人との対話、先哲の考え方を手掛かりに考えること等を通じ、自己の考えを広げ深める「対話的な学び」が実現できているか。身に付けた知識や技能を定着させるとともに、物事の多面的で深い理解に至るためには、多様な表現を通じて、教職員と子供や、子供同士が対話し、それによって思考を広げ深めていくことが求められる。

「対話的な学び」という言葉はイメージがわきやすく、グループ活動等で生徒が相互に交流し、学び合うイメージが浮かびます。実際に多くの学校でそうした活動が活発に行われるようになりました。活動している姿が可視化しやすい分、注意を払わなければならないことがあります。それは、話し合う場を設定すれば、「対話的な学び」が行われていると思われがちな点です。生徒に話し合わせる、班ごとに相互に交流させる、ホワイトボードを使用して作業をさせる、など、様々な手法が考えられますが、それらがどのように資質・能力の育成に寄与したのか、対話の質が問われます。対話的な学びを考えるときには、**形式に流されず、資質・能力の育成のために有効なのかという点について、常に問い返すことが大切**だと考えます。

「対話的な学び」が実現される場面としては、以下のような場合があると考えられます。

> ○生徒が自分の考えに確信をもてず、相互の交流を通して考えを深めたいとき

> ○課題に対して多様な意見が想定され,それらに価値があるとき
> ○課題に対して,相反する意見が想定され,それらを軸とした議論が深まると考えられるとき
> ○見いだした法則を様々な事象に適用する可能性があるとき

生徒が自分の考えに確信をもてず,相互の交流を通して考えを深めたいとき

　生徒は課題について理解し,見通しを立てることができれば,自分の言葉でその考えを語り始めます。しかし,実際には,自分の意見に確信がもてず,不安を抱えていることが多いものです。そこで,個人の考えとそれに対する不安や課題等が明らかになったところで対話的な場面を設定すれば,進んで意見を交換する場面が生まれます。自分の考えに確信をもてなかった生徒も,他者との交流を通して自分の考えに自信をもつことができたり,新たな視点が加わることで,より深い考えをもつことができます。また,自分の考えをもてたと感じていた生徒も,**他者に意見を表明することで,自分の考えの曖昧さや,不足している点に気付く**ことができます。

課題に対して多様な意見が想定され,それらに価値があるとき

　1つの正解に集約されるような課題を話し合わせると,結局,正解を知っているか知っていないかで話し合いの方向が決まってしまうことがあります。それでは対話をする意味を見いだすことが難しくなります。**多様な考えが出され,それらを総合的に考えていくことでよりよい解が得られるような課題を考えたい**ものです。

　例えば,未知の白い粉末を提示し,それらの正体を明らかにするという課題を設定します。それらの物質は砂糖,食塩,片栗粉のいずれかである,というようなヒントを与えれば,課題を解決するための方法は多様であり,いろいろな意見が期待されます。そのうえで,安全性を含めた諸条件を確認することで,話し合いの中から,より妥当な方法を検討することができます。

課題に対して，相反する意見が想定され，それらを軸とした議論が深まると考えられるとき

　1つの課題に対して，相反する意見が出されることがあります。こうした場合は，議論する観点が明確になり，意見も活発に出されます。

　例えば，図のように，台車Aと台車Bが向き合った状態で，台車Bから棒を突き出した場合，それぞれの台車がどのような運動をするのか，という課題があったとします。台車Bから力を受けたのは台車Aなのだから，台車Aだけが左に動くという

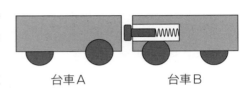

台車を使用した実験

意見もありますし，台車Aが台車Bを少しは押すので，台車Bも少しは動くという意見もあります。実際は台車Bが台車Aを押した場合，台車Aは台車Bを同じ大きさの力で押し返すので，質量が等しい台車を用いた場合は，理論上は左右に等距離に移動します。

　いずれの生徒も力の働き方に注目しており，議論が深まります。最後は実際に現象を観察して結論を出すことができます。こうした活動を通して，本質的なことに生徒は気付くとともに，**自分自身の素朴な概念の矛盾に気付き，それらを修正する機会にもなる**のです。

見いだした法則を様々な事象に適用する可能性があるとき

　時には，対話を通して，オープンエンドになってもよいと思います。例えば，電磁誘導を学んだ生徒に，「この原理を使って発電機を考案しなさい」という課題を設定し，話し合いの時間をもちます。生徒は実に多様な発電機を考案します。最初は往復運動で考える生徒が多いですが，やがて回転運動に注目する生徒も出てきます。

　ここでは，**課題を出す際に実用性は問題にせず，何にしろいろいろなアイデアを出すことを重視**します。その方が，話し合いは活発に進んでいきます。

各班には発電機の仕組みを図式化したものをホワイトボードにかかせ，簡単な補足説明をしながら発表を行い，学級全体で共有します。共通する点として磁界を連続的に変化させる原理が応用されており，生徒相互の対話を通して，法則をうまく適用できていることがわかります。発表したアイデアはすべて正解なのです。

　そうした活動を経て，実際に日常生活や社会に応用していくことを考えたとき，より合理的な仕組みを提案した班のアイデアに注目し，発電機の仕組みの学習につなげます。それぞれの班の発表が，**共通の原理をもちながら多様であることがこの活動のよさ**です。

4　深い学び

　中央教育審議会答申では，「深い学び」に関わる授業改善の視点について，以下のように記述されています。

> 　習得・活用・探究という学びの過程の中で，各教科等の特質に応じた「見方・考え方」を働かせながら，知識を相互に関連付けてより深く理解したり，情報を精査して考えを形成したり，問題を見いだして解決策を考えたり，思いや考えを基に創造したりすることに向かう「深い学び」が実現できているか。
> 　子供たちが，各教科等の学びの過程の中で，身に付けた資質・能力の三つの柱を活用・発揮しながら物事を捉え思考することを通じて，資質・能力がさらに伸ばされたり，新たな資質・能力が育まれたりしていくことが重要である。教員はこの中で，教える場面と，子供たちに思考・判断・表現させる場面を効果的に設計し関連させながら指導していくことが求められる。

　「深い学び」というのは，何だか捉えどころがないのですが，筆者は以下

のようなことではないかと考えます。

> ○探究の過程を経て概念等を形成する
> ○知識を相互に関連付ける
> ○日常生活や社会と関連付ける
> ○１つのものについて多面的に捉える

探究の過程を経て概念等を形成する
　例えば，「炭素と酸素が結びついて二酸化炭素になる」というのは，１つの知識です。このことを結論として言葉にしてしまえば，あっという間に授業は終わってしまいますが，**課題を把握し，課題の探究を行い，課題の解決を通して学んだことは，具体的な経験を通して，より深いものになっている**はずです。

知識を相互に関連付ける
　例えば，「日本の夏は暑い」「日本の冬は寒い」という知識は経験によって導かれた知識であり，このことについて異論はありません。この知識を相互に結び付ける場合，中学校の学習の範囲で考えると，「地球が公転面に対して地軸を傾けた状態で太陽のまわりを公転している」という共通の文脈で捉える必要があり，「季節によって日照時間が異なる」「季節によって南中高度が異なる」などの知識が複合的に関係します。生徒たちが「わかった」と感じるのは，こうした知識が共通の文脈を通して体系化されたときなのではないでしょうか。

第5章

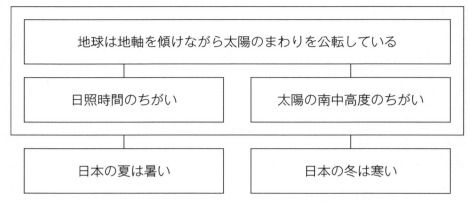

季節による暑さ，寒さを理解するための構造例

日常生活や社会と関連付ける

　例えば，電圧と電流の関係や電力についての理解が進むと，家庭用の電気配線がなぜ並列なのか，修学旅行の部屋でドライヤーを何本も使用することがなぜ問題なのかがわかるようになります。理科の学習でさまざまなきまりや法則，概念を学ぶことは大切ですが，それらが日常生活や社会で適用できる状態になっていることが大切です。生徒の様子を見ていると，授業で学んだことが教科の中で閉じてしまっていると感じることが少なくありません。日常生活や社会と関連付けながら，より深い理解を得るとともに，有用性に気付かせ，学ぶことの意義も実感させたいところです。

　ただ，昨今，役に立つことの重要性が強調されすぎて，役に立たないものが軽視される傾向も見られます。当面，役に立つかどうかがわからないものでも，その事象そのものが興味深いものはたくさんあるので，「役に立つ，立たない」という軸だけでなく，科学への興味関心の裾野を広げておくことも大切にしておきたいものです。

1つのものについて多面的に捉える

　例えば，ペットボトルとガラス瓶に注目したとき，ペットボトルの材料で

あるポリエチレンテレフタラートの成形が容易で軽くて割れにくいという特徴は，ペットボトルの優位性を主張します。その一方で，ポリエチレンテレフタラートが資源として限りのある石油に由来している特徴は，ペットボトルの課題となります。実際に身の回りの容器に注目すると，数の大小はあるものの，どちらも有効に利用されています。それぞれのメリットとデメリットを考えながら，適材適所で利用されていると考えられます。

　発電方法に注目したとき，水力発電，火力発電，原子力発電，太陽光発電等，様々な発電方法があります。さらに，火力発電は燃料として石油を使用するもの，石炭を使用するもの，天然ガスを使用するもの等があります。それぞれの方法にメリットとデメリットがあり，実際にはそれぞれをミックスした状態で電力を供給しています。

　このように考えてみると，私たちが何かしらの判断をする際は，**1つのものを多面的に理解しているかどうかが，妥当な判断につながっている**と言えそうです。

探究的な活動に当たって

1 なぜ, 探究なのか

　昭和43年の学習指導要領改訂の時代を振り返ると，日本の国民生活の向上，文化の発展，社会情勢の進展は目覚ましいものがあり，日本の国際的地位の向上とともに，その果たすべき役割も大きくなりつつありました。科学技術が大きく進歩しようとしていた時代であり，その流れに追いつくように，学習内容も大きく増加しました。最も濃密な内容を学んだ時代と言えるでしょう。その一方で知識偏重の教育になっているのではないかという課題を生み，「新幹線授業」「落ちこぼし」などのキーワードも生まれました。

　科学技術が多様化し，高度化した現代においては，それらに関わる知識を義務教育段階ですべて身に付けることはもはや不可能です。適用範囲の広い知識や技能を習得させることはもちろん大切ですが，思考力，表現力，判断力等を育成し，課題を解決する資質・能力を身に付けることが重視されるようになりました。特に，昨今は解のない新たな課題を解決していかなければならない場面に直面することが多く，それらの課題を解決していく資質・能力の育成が求められています。

　中学校で扱う課題の多くは，これまで先人の英知によってすでに解決されているものが多く，それらの一部を追体験するという側面が強いことは否めませんが，そうした訓練をていねいに行っていくことが，未知の課題を解決するための資質・能力の育成につながるのだと思います。また，できれば，**生徒が新場面に出合うような学習を設定し，未知の課題を探究的な活動を通**

して解決する学習を保障できるとよいと思います。

　以前，塾や模試の成績はよいのに，学校の定期テストでは点数がとれないという相談を保護者の方から受けたことがあります。保護者の方は，抗議するというよりも，困っているような様子でした。確かに，その生徒は勤勉でよく努力しており，潜在的な能力は高いものをもっていました。ただ，実験から得られた結論には注目しますが，結論を明らかにしていくプロセスについては軽視している傾向がありました。

　昨今は少しずつ改善が進んでいるものの，入試問題は，客観性，公平性，採点の効率性等の観点から，どうしても知識・理解に偏重した出題になりがちです。問題集の問題も，入試問題の動向に注目せざるを得ません。一方，学校で行われる定期テストは，テストを受けている生徒が同じ授業を受けているという前提があります。したがって，探究の過程について踏み込んだ出題をしても，題意を共有しやすいというメリットがあります。そうなると，知識・理解に偏重したタイプの生徒は，潜在的な学力に見合った点数を獲得することが難しいのでしょう。その一方で，学力が低い生徒の中にも，基本的な知識をこつこつと反復しながら身に付け，一生懸命に成果を上げようとしている生徒がいます。思考力を問う問題にはなかなか手がつけられず，理科への苦手意識を抱えている生徒もいます。いろいろな生徒をどのように探究的な学習に向かわせるか，悩みはつきません。

2　学習過程と探究の重点

　中央教育審議会答申では，資質・能力を育むために重視する探究の過程のイメージを次ページの図のように示しています。

　探究の過程を大きく「課題の把握（発見）」「課題の探究（追究）」「課題の解決」の3段階に分け，さらに具体的な探究の過程を示していることがわかります。**探究の過程は必ずしも一方向の流れではなく，行きつ戻りつを繰り返すこともあります。**また，授業の場面では必ずしもすべての過程を踏ませ

ることばかりにこだわらず，その過程の一部を扱ってもよいでしょう。

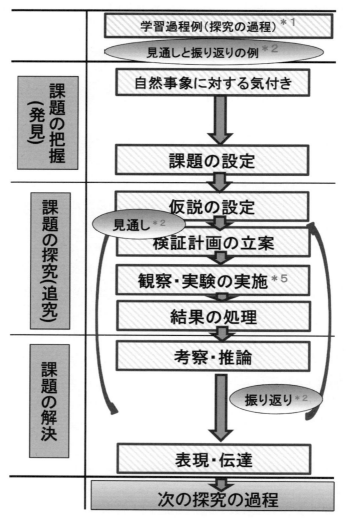

資質・能力を育成するために重視すべき学習過程のイメージ（例）

中央教育審議会答申資料より

探究の過程で育成が期待される資質・能力として，以下のようなものが例示されています。

○**課題の把握（発見）**
・主体的に自然事象とかかわり，それらを科学的に探究しようとする態度（以後全ての過程に共通）
・自然事象を観察し，必要な情報を抽出・整理する力
・抽出・整理した情報について，それらの関係性（共通点や相違点など）や傾向を見いだす力
・見いだした関係性や傾向から，課題を設定する力

○**課題の探究（追究）**
・見通しを持ち，検証できる仮説を設定する力
・仮説を確かめるための観察・実験の計画を立案する力
・観察・実験の計画を評価・選択・決定する力
・観察・実験を実行する力
・観察・実験の結果を処理する力

○**課題の解決**
・観察・実験の結果を分析・解釈する力
・情報収集して仮説の妥当性を検討したり，考察したりする力
・全体を振り返って推論したり，改善策を考えたりする力
・新たな知識やモデル等を創造したり，次の課題を発見したりする力
・事象や概念等に対する新たな知識を再構築したり，獲得したりする力
・学んだことを次の課題や，日常生活や社会に活用しようとする態度
・考察・推論したことや結論を発表したり，レポートにまとめたりする力

中央教育審議会資料より

ここで示された資質・能力は絶対的なものではなく，あくまでも例示なので，固定的に捉える必要はありません。今後，資質・能力の育成について考えていくときの1つのたたき台になるでしょう。私たち教師自身も，改めて「生徒にどのような資質・能力を身に付けさせたいのか」を考えるきっかけとしたいものです。

今回の改訂では，3年間を通じて計画的に，科学的に探究するために必要な資質・能力を育成するために，各学年で主に重視する探究の学習過程の例を，以下のように整理しました。

第1学年　自然の事物・現象に進んで関わり，その中から問題を見いだす。
第2学年　解決する方法を立案し，その結果を分析して解釈する。
第3学年　探究の過程を振り返る。

もちろん，これは重視する学習過程を示したものであり，この学習過程だけを行えばよいということではありません。

3 探究的な活動は特別なことではない

探究活動というと，何か特別のことをしなければならないと考えがちですが，**私たちも生活の中で当たり前に行っていることが少なくありません。**

先日，ある会議に出席したときのことです。休憩時間に会議室に設置されていた電気ポットを使用してインスタントコーヒーを飲みたくなりました。さっそく，コップにコーヒーの粉を入れ，電気ポットを操作しましたが，お湯が出てきません。電気が通じていなかったため，電気ポットのスイッチが入らないことがわかりました。なんということもない日常のひとコマですが，この様子を以下のように記述してみると，これも探究的な活動なのではないかと感じます。

>　「電気ポットに電気が通じていないのでお湯を出すことができない」という問題に気づき，「電気ポットに電気が通じるようにして，お湯を出す」という課題を設定しました。
>　そこで，「電気ポットに電気コードがつながっていないので電気ポットに電気が通じない」という仮説を立てますが，実験の結果，「電気コードをつないでも電気ポットは作動しない」ということがわかり，仮説は反証されました。
>　続いて，「電気コードがコンセントにつながっていないので電気ポットに電気が通じない」という仮説を立てますが，実験の結果，「電気コードをコンセントにしっかりとつないでも電気ポットは作動しない」ということがわかり，再び仮説は反証されました。
>　さらに，「電気ポットの再沸騰時，電気ストーブも消えた」という情報を基に，「電力がオーバーしてしまったためにブレーカーが落ちたため電気ポットに電気が通じない」という仮説を立て，実験の結果，「ブレーカーをもとに戻すと電気ポットが作動する」ということから仮説を検証することができ，課題が解決しました。

　問題を見いだし，課題を設定し，仮説を設定し，実験を計画し，計画に基づいた実験を実施し，結果を基に考察し，探究の過程を振り返りながら新たな課題を設定しています。私には「コーヒーを飲みたい」という切実な願いがあったので，観察した事実，既習の知識や周辺から得られた情報を基に，極めて主体的に課題解決に取り組むことができました。
　もちろん，この出来事をそのまま授業に当てはめることはできませんが，考えるヒントにはなると思います。

3

問題を見いだし,課題を設定する

1 どのように事象に関わらせるか

　自然の事物・現象に関わる中から問題を見いだすことが１年の重点になっていますが，ここがとても難しいところです。言い方を変えれば，**ここがうまくいけば，探究的な学習が成功すると言ってもよい**でしょう。
　さて，自然事象に関わるようにするために，生徒をいかに仕向けていくかという点ですが，筆者は大きく３つのタイプに分けて考えることができると考えています。

> ①教師が具体的な活動を用意し，意図した問題を見いださせようとする方法
> ②自由度のある活動の中から生徒が問題を見いださせようとする方法
> ③生徒の見いだした問題の中から，選択する方法

　決められた学習内容を計画的に実施しなければならない現状を踏まえれば，①は現実的な方法です。教師主導と感じるかもしれませんが，生徒が進んで取り組めるように，導入の工夫をしながら自然事象を提示し，その中から生徒が問題を見いだすように仕向けていければよいと思います。
　②は期待される探究的な姿ですが，生徒の関心は多様であり，学級全体の課題として練り上げるには，労力と時間を要します。
　③は①と②の折衷案のようなもので，生徒の発想を生かしながら，授業の

道筋を立てやすい方法ではあります。ただし，教師が意図していないことについて，問題を見いだし，課題を設定したいと考えている生徒もいることでしょう。授業の進め方によっては，その生徒たちの思いにふたをしてしまうことも考えられるので，**どこかで話題にしたり，演示実験などでその生徒の願いに応えていくことも大切にしたい**ところです。

2 お茶碗と十円玉の実験を例として

教科書などでも定番の実験を基に，問題を見いだす過程について考えてみたいと思います。

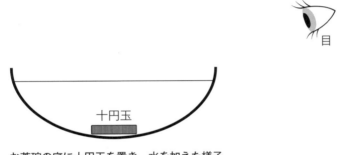

お茶碗の底に十円玉を置き，水を加えた様子

お茶碗の底の中心に十円玉を置き，斜め上方からお茶碗の中を見たときに，ぎりぎり十円玉が見えない位置に目を固定します。そのまま静かに水を注いでいくと，水を入れれば入れるほど，見えなかったはずの十円玉が浮き上がって見えるようになります。見えないはずのものが見えるというところがおもしろさであり，生徒は何度かチャレンジしながら，「どうして十円玉が見えるようになったのだろう」という問題を見いだします。均一な空気中や水中で光が直進することを生徒はすでに学習しているので，それらを突き合わせて考えていくと，水と空気の境界で光は曲がっているのではないかと考えるでしょう。そこで水そうに石けんで白濁させた水を入れ，空気中には線

香の煙を充満させ，水中から空気中へ向けて光を照射すると，水と空気の境界で光が曲がっていることがわかります。境界に入射する角度によって，その後の光の進み方が異なります。そこで，**「光が水と空気の境界を進むときの光の曲がり方に関するきまりを調べる」**ことがここでの課題となります。

3 白い粉を区別する実験を例として

1年の化学領域の最初では，白い粉を区別する実験が知られています。「ミステリーパウダー」とも呼ばれる実験教材で，物質を質的に捉える導入の定番の実験として実践されています。

例えば，図のように，白い粉末A～Cを提示します。

白い粉末A～C

1年の導入段階であることや，身近であること，安全であることなどに配慮し，一般に，砂糖，食塩，片栗粉がよく使用されており，A～Cがそれらのいずれかであることをヒントとします。さらに，重曹やクエン酸などを加えれば，生徒が検討する実験方法もより多様になります。状況に合わせて使用する粉末を検討してみるとよいでしょう。

白い粉末をそのまま提示すると，その見た目から，ある程度の推測ができてしまいます。それも含めて観察のうちであるという考え方もありますが，私が以前に参観した授業では，白い粉末をすべてすりつぶし，あえて見分けがつきにくいようにしていました。これも1つの工夫と言えます。

目の前に白い粉があり，見た目だけでははっきりと区別することができな

いことから問題を見いだし、「白い固体をどのようにしたら区別することができるのか」ということが、ここでの課題となります。

問題の設定から仮説や予想へ

　課題の設定についてはすでに述べましたが、つながりを意識して、この事例における課題設定を仮説や予想へつなげることを考えてみたいと思います。この実験については、いろいろなアプローチがありますが、既知の物質の性質を知り、その性質を基に見通しをもたせるようにします。

　砂糖、食塩、片栗粉について、どのような性質を調べるかを生徒に話し合わせ、実際に性質を調べる実験を行います。例えば、以下のような実験及び結果が考えられます。

○白い固体をアルミニウム箔の皿などで加熱する方法
　【結果】
　　砂　糖…ドロドロに溶けながら甘い匂いを発し、黒く焦げた。
　　食　塩…白い粉末のまま、変化がなかった。
　　片栗粉…黒く焦げた。
○決められた質量の固体を決められた質量の水に溶かす方法
　【結果】
　　砂　糖…溶けた。
　　食　塩…溶けた。
　　片栗粉…白くにごり、やがて沈んだ。

　紹介した実験は一例ですが、砂糖と食塩と片栗粉のうち、例えば、色が白いという共通の性質では３種類の白い粉末を区別することは難しいですが、**「それぞれの物質に特有の性質と白い粉末Ａ～Ｃの性質が一致することがわかれば、物質を区別することができるはずである」**という仮説や予想を設定し、見通しをもって実験の計画を立てることができるようになります。

観察・実験を計画し,結果を分析・解釈する

1 検証可能な仮説を設定し,実験の計画を立てる

お茶碗と十円玉の実験

　前項のお茶碗と十円玉の実験の事例に戻ります。「光が水と空気の境界を進むときの光の曲がり方に関するきまりを調べる」ことを課題として設定しました。検証可能な仮説や予想にするためには,「光の曲がり方を調べるために,どのような量に注目するか」を明らかにしなければなりません。角度に注目することに気付かせると,「入射角と屈折角の間にはこのような関係があるのではないか」という仮説を設定することができます。

　ここまできたら,生徒には入射角と屈折角の関係を調べる実験方法を計画するように指示します。とは言っても,中学校以降の実験は小学校に比べて高度なので,すべての方法を生徒が自立的に計画することは難しい場合もあります。**ある程度の方針を立てることができたら,具体的な方法やコツ,安全上の注意点などは,実態に応じて教師が助言する**ようにします。

白い粉末を区別する実験

　白い粉末を区別する実験の事例では,「白い固体をどのようにしたら区別することができるのか」ということを課題として設定しました。検証可能な仮説や予想にするために,既知の物質の性質を調べる実験を行い,「それぞれの物質の特有の性質と白い粉末A～Cの性質が一致することがわかれば,物質を区別することができるはずである」という仮説や予想を設定すること

ができます。ある程度の方針を立てることができたら，**安全性に十分配慮するように，必要な助言を行います。**

2 実験結果を分析して解釈する

結果に何を記述するように指導するか

　結果は実験を通して五感で感じとった事実やデータなどであり，内容によって，表などにわかりやすくまとめるようにします。**結果は実験者の解釈を加えていない客観的な事実として，考察とは区別したい**ところです。

　記述させる場合は，行った操作に簡単に触れ，結果を書かせるようにします。また，複数の実験結果を整理して示したい場合や，複数の要素の関係性を示したい場合は，表などにまとめさせるようにします。

結果例1
　発生した気体を石灰水に通したところ，石灰水が白くにごった。

結果例2

	食塩	砂糖	片栗粉
加熱したときの様子			
水に溶かしたときの様子			

結果例3（ばねに加えた力の大きさとばねののびの関係）

力の大きさ（N）	0.1	0.2	0.3	0.4	0.5	
ばねののび（cm）						

　気を付けたいことですが，**実験結果を適切に示す力も重要な資質・能力**と

言えます。実験を効率的に進めていくためには，ワークシートをていねいに作成し，結果の枠組みをあらかじめ教師が作成しておくことも考えられますが，時間に余裕があるときには，生徒自身に結果を示す枠組みを考えさせ，わかりやすい結果の示し方とはどういうものなのかを考えさせることも大切です。

力の大きさとばねののびの関係を調べる実験では，表の作成とグラフの作成が強く関係しています。独立変数と従属変数という用語こそ学びませんが，結果の表を作成し，グラフの横軸と縦軸を決定する過程はつながっており，**親切なワークシートばかりに頼らず，生徒自身に表を作成させる学習も可能な範囲で経験させたい**ところです。

考察に何を記述するように指導するか

考察の要素について，下図に示しました。考察では，結果とそこから導かれた結論を明らかにするとともに，その結論に至った根拠も示すようにします。実験目的と結論が正対し，結果から結論に至る根拠が明確に記述されたとき，考察は説得力をもちます。

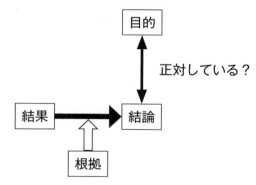

中学校における実験レポートの考察の要素

結果や考察を書くことを苦手とする生徒がいますが，考察がどのような要素からできているかを説明し，**生徒が記述した考察を評価基準を示しながら**

評価し，よく書けているレポートを紹介しながら具体的な改善策を指導することで，少しずつ書けるようになります。

考察の記述と足場づくり

　以下に考察の事例を3つ示してみました。考察もその内容によっては構造が単純ではないので，**生徒の実態に応じた足場づくりが必要**だと思います。

考察例1

　マッチの火を近付けたところ，ポンと音をたてたことから，発生した気体は水素であると考えた。水素は燃焼する性質があるからである。

考察事例2

　固体が赤色をしており，こすると金属特有の光沢があったことから，生成した物質は銅であると考えた。赤色の金属として当てはまるものは銅だからである。

考察事例3

・発生した気体の中に火がついた線香を入れたところ，線香が激しく燃焼したことから，気体は酸素であると考えた。酸素はものが燃えるのを助ける性質があるからである。

・生成した固体をたたくとうすくのび，磨いたところ金属光沢があり，回路につなぐと豆電球が点灯したことから，金属が生成したと考えた。展性，金属光沢，電気伝導性という金属特有の性質を示したからである。

・以上のことから，酸化銀は銀と酸素に分かれたのではないかと考えた。

考察事例1は，考察の構造が比較的単純で，1つの結果から1つの結論を導いています。マッチの火を近付けて音をたてたということだけで水素と結論付けてよいのかという議論はあるかもしれませんが，中学校段階の考察であれば，許容されるところでしょう。これについては，実験結果に触れながら，結論とそのように考えた理由を書く習慣が定着すれば，ある程度の記述はできるようになることでしょう。

　考察事例2は，複数の結果を基に1つの結論を導いています。生成物の色または金属光沢のみから銅と結論付けるより，色と金属光沢の複数の結果から銅と結論付けた方が，考察としての説得力が増します。こうした点に気付くことが難しい場合は，「結果1と結果2を使って考えてみよう」などと補足的な指示をしてもよいかもしれません。

　考察事例3は，個々の結果から小さな考察を行い，それぞれの考察を総合して最終的な結論を導いています。「結果1を基に，発生した気体が何であるかを考察しよう」「結果2～4を基に，生成した固体が何であるかを考察しよう」「考察を基に，酸化銀がどのように変化したのか，自分の考えを書こう」などのように，段階的に補足的な指示をしてもよいでしょう。

　このように，考察は実験の内容によって複雑なものもあるので，発達段階や学級の実態に合わせて，教師が足場かけをしてあげることも大切です。足場かけがなくても考察が書けるようになることが理想ですが，**足場かけがなく，途方に暮れて考察の記述が進まないぐらいであれば，適度な足場かけを行いながら，自分で考察を完成させるという達成感を味わわせた方が，学習効果は高い**と言えます。

3　生徒の記述欄は自由度を保障する

　ワークシートなどを作成すると，「目的→方法→結果→考察」と予定調和的に授業が進んでいくことがありますが，実際に授業を行うと，生徒は教師が意図していないことに気付いていたり，失敗の中から新たな課題を見つけ

ていたりすることがあります。そうした生徒の姿をできるだけワークシートにも残せるようにしていきたいものです。

例えば，結果の項目のところに，「その他，観察したことを書いてみよう」という指示を出したり，考察の項目のところに，「その他，気付いたことを書いてみよう」という指示を出したり，考察の下に「新たな課題」「学習の振り返り」「学習感想」などの項目を設けることなどが考えられます。

こうした欄は，**探究の過程を振り返って新たな課題を発見したり，生徒の内面的な姿を見とることにもつながる**ので，意義があると思います。

4 実験の考察に飛躍はないか

実験レポートの考察は，実験を通してわかったことを書くのが基本です。したがって，実験からわかったことと，一般的なまとめとは区別します。

例えば，マグマの冷え方によってなぜ火山岩と深成岩の組織に違いがあるのかを調べるために，飽和水溶液等を用いて，冷え方によって結晶の大きさが異なることを見いだすモデル実験を行うことがあります。結晶の大きさを比較し，ゆっくりと冷やした方が大きな結晶ができると結論付けることができますが，この実験で見いだせるのはここまでです。飽和水溶液をマグマと考え，析出した結晶を火成岩を構成する鉱物と考えたときに，マグマもゆっくりと冷やした方がより大きな鉱物の結晶が析出することが示唆されたのであり，**再結晶の実験結果から火成岩の成因が見いだせたわけではないことに注意が必要**です。

ここで示したことはほんの一例ですが，実験から導かれることと，一般化した学習のまとめとを混同しながら授業が展開していく様子を目にすることがあるので，改めて，両者を区別して考えてみたいと思います。

第5章

探究の過程を振り返る

1 探究の過程を振り返る

探究の過程を振り返るというと，すべての実験が終わった後にその過程を概観するようなイメージがありますが，実際には，**過程を常に振り返り，修正を加えながら探究が進んでいく**ものです。

例えば，だ液の働きを調べる実験を考えてみます。この実験ではだ液を加えたでんぷんのりと水を加えたでんぷんのりを体温付近の温度で温め，ヨウ素液とベネジクト液でその性質を調べます。表1は期待される結果です。

表1　実験結果1

	ヨウ素液	ベネジクト液
でんぷん＋だ液	変化なし	赤褐色の沈殿
でんぷん＋水	青紫色	変化なし

ヨウ素液の結果を比較することにより，だ液の存在によって，でんぷんがなくなっていることがわかります。また，ベネジクト液の結果を比較することにより，だ液の存在によって，麦芽糖などの糖が存在していることがわかります。2つの考察を組み合わせることで，でんぷんがだ液の働きによって麦芽糖などの糖に分解されたことを見いだすことができます。

2 実験結果を振り返り,方法を再検討する

一方，表2の結果はどうでしょう。でんぷん＋だ液に対するヨウ素液の反応が，先ほどの結果と異なっています。生徒はすぐに「失敗した」と言いながらサジを投げようとしますが，**なぜそうなったのかを冷静に考えさせれば，より深く考察ができる**はずです。

表2　実験結果2

	ヨウ素液	ベネジクト液
でんぷん＋だ液	<u>青紫色</u>	赤褐色の沈殿
でんぷん＋水	青紫色	変化なし

　読者の先生方には自明のことと思いますが，でんぷんの一部は分解したが，一部は分解せずに残っているという状況を読み取ることができます。その要因として，加えただ液の量，温めたときの温度，温めた時間などが考えられます。こうした点を考察できれば，それはそれで価値があるものだと思います。また，**時間が許せば，考察を踏まえた実験のやり直しも実践できるとよい**と思います。

3　実験結果を振り返り，仮説や予想から見直す

　さらに，表3の結果はどうでしょう。先ほどの結果の表と比べると，結果のデータが少ないことがわかります。実験方法を委ねると，表3のような結果を基に考察を書こうとする生徒も出てきます。生徒の中から気付きが生まれればそれがよいと思いますが，気付かずに考察を進めようとしている場合には，「本当にこの結果だけで，あなたの考えを主張することができるか」という点について検討させるようにします。

表3　実験結果3

	ヨウ素液	ベネジクト液
でんぷん＋だ液	変化なし	赤褐色の沈殿

読者の先生方には自明のことと思いますが，このままでは，本当にだ液の働きででんぷんが分解されたのかどうかということが主張できません。対照実験は小学校のころから続いていますが，必ずしもすべての生徒に定着しているわけではありません。教師が与えた方法の範囲で実験を行っている場合は気にならないことが多いものですが，実験計画を生徒の課題とした場合には，対照実験を意識することができるか，生徒によって差が出るところだと思います。繰り返し，指導を続けていきたいものです。

　このような考え方は，理科に限定されることではありません。他の教科で調査結果などをレポートにまとめる際にも，同様の考え方が必要になります。まさに，**汎用的な資質・能力**につながるものなので，探究の過程を振り返りながら，生徒にもそのような資質・能力の意義を伝えていきたいものです。

4 新たな課題へ向けての気付き

　この実験では，人間の体温に合わせて，温める温度を40℃付近に設定していますが，異なる温度だったらどうなるのかという疑問をもつ生徒もいます。すると「体温よりも高い温度や低い温度でもだ液は働くのだろうか」ということを新たな課題として設定することができ，高い温度では酵素が熱で壊れてしまうのではないか，冷たいものを食べると消化が悪いということは酵素が働きにくいのではないかと考え，体温よりも高い場合や低い場合は，でんぷんは分解されにくいのではないかと考えられます。ここまで考えられれば，冷水を使用する，より高温まで加熱した水を使用するなど，自分が行った実験方法を基に，生徒が自立的に実験を計画することも可能になります。

　このように，**方法として類似した実験を行うような流れをつくることができれば，探究の振り返りによって，新たな課題を設定し，実際に自分の仮説や予想を検証する活動も比較的容易に実施できるようになります。**ただし，予想以上に時間を要するので，年間指導時数との相談になるでしょう。

第6章

カリキュラム・マネジメントと授業づくり

単元をどう配置するか

1 単元の構成を考える

　年間指導計画を検討するときは，単元の構成をどのように捉えるかということが大切です。平成29年版の学習指導要領では，資質・能力ベイスの教育課程を意識しています。これまでは，単元の構成を考える際は，どちらかというと学習内容に重点を置きがちでしたが，何をどのように指導し，何ができるようになるのか，言い換えれば，**学習内容，指導方法，育成すべき資質・能力の三者を意識**していく必要があります。

　平成29年版の学習指導要領では，学習内容を削減せずに資質・能力の育成を重視する方針を掲げています。限られた時数の中で多くのことを求められているので，指導計画を立てる際に工夫をしていかないと，熱心な先生ほど時数の面で破綻してしまいます。改めて単元の学習内容と育成したい資質・能力を検討し，知識や技能の習得が主となる単元では無理に探究的な展開にせず，技能の習得や実感を伴った理解を目指すものと割り切るのも一法でしょう。一方，既習の知識や技能を活用して探究的な活動を行うことにふさわしい単元もあります。その場合は，じっくりと生徒に探究の過程を経験させるようにします。また，**探究の過程に軽重をつけることも可能**です。あるところでは教師が主導して方向を決めながら，別のところではじっくりと考えさせる時間を設定し，生徒に委ねてみるという方法です。どのように軽重を付けるかは，学習内容と配当時間と特に育成したい資質・能力で決まります。

学習内容のまとまりとして捉えるだけでなく、いかに資質・能力を育成するかという視点で捉え直してみたいと思います。ここでは、いくつかの事例で考えてみましょう。

2 気体の発生と性質を例として

この単元について、学習指導要領では以下のように記述されています。

第1分野／(2)身の回りの物質／(ア)物質のすがた／①気体の発生と性質

　気体を発生させてその性質を調べる実験を行い、気体の種類による特性を理解するとともに、気体を発生させる方法や捕集法などの技能を身に付けること。

　もともと、この単元は気体の種類による特性の理解、発生法、捕集法などの技能の習得をねらっています。一般的には酸素や二酸化炭素の発生を行うことが多いと思いますが、**無理に探究的な展開を装う必要はありません。**このような単元では、しっかりと理解させ、技能を習得させることに注力し、その後の学習で学んだことを活用できるような単元構成にすることが得策です。その後、身の回りで気体を発生するもの（例えば入浴剤など）を使用して気体が発生する様子を観察させ、発生している気体の正体を明らかにすることを課題にすれば、学習した知識や技能を活用する探究的な学習を設定することができます。

　同様のことが、「物質の融点と沸点」の学習にも当てはまります。学習指導要領の文中では、「物質が融点や沸点を境に状態が変化することを知る」とあり、知識が主であることがわかります。一方、この後に「混合物を加熱する実験を行い、沸点の違いによって物質の分離ができることを見いだして理解すること」という記述が続くので、沸点に関わる知識を活用し、沸点の

違いで物質の分離ができることを探究する学習を設定することができます。

3 いろいろな生物とその共通点を例として

　この単元については別の項目でも話題にしましたが，「第２分野／(1)いろいろな生物とその共通点／(ア)生物の観察と分類の仕方」では，「㋐生物の観察」において身の回りの生物の観察を行い，生物の共通性と多様性に気付かせるとともに，観察に関わる技能の習得を目指します。「㋑生物の特徴と分類の仕方」では，「㋐生物の観察」の学習を受け，学問としての系統分類にとらわれず，観点を選び，基準を設定することで生物が分類できることを理解し，分類の仕方の基礎を身に付けます。ここまでの学習は，細かい知識を整理して記憶するということではなく，**生物の多様性への気付きを促すこと，生物をいかに分類するかという観点をもつこと，生物の観察や分類に関する技能を習得することに主眼が置かれている点が注目すべきところ**です。

　このような下地ができたところで，「(イ)生物の体の共通点と相違点」の学習を行い，主に外部形態の観察記録などに基づいて，植物と生物にいろいろな共通点や相違点があることを見いだし，それぞれの体の基本的なつくりを理解させ，それぞれ分類できることを見いだして理解させるようにします。先ほどは自由度の高い中で生徒の活動を設定していましたが，ここでは，学問としての生物の系統分類もある程度は意識しなければならないでしょう。ただ，生徒は自分たちで基準を設定して生物を分類するという経験を経ているので，学問としての生物の系統分類も，そのような観点や基準で分類しているのか，その分類にはどのような意義があるのか，といった点で分類されたものを捉えることができると思います。より深い学びとなることが期待されます。

　このように見てみると，**１年の生物領域の学習には一連のストーリー性がある**ことがわかります。そうした構成を理解しながら，メリハリをつけた指導計画を立てたいものです。

4 化学変化と電池を例として

「第1分野／(6)化学変化とイオン／(イ)化学変化と電池／⑦金属イオン」は，以下のように記述されています。

> 第1分野／(6)化学変化とイオン／(イ)化学変化と電池／⑦金属イオン
>
> 金属を電解質水溶液に入れる実験を行い，金属によってイオンへのなりやすさが異なることを見いだして理解すること。

金属によってイオンへのなりやすさが異なることを探究的な学習を通して見いだし，理解することが求められています。例えば，硝酸銀水溶液に銅片を入れると銀樹が析出する現象，硫酸銅水溶液に亜鉛片を入れると赤褐色の固体が析出する現象などを観察することで，金属のイオンへのなりやすさを比較することができます。そのうえで「④化学変化と電池」の学習へ進む流れとなっています。

「④化学変化と電池」は，以下のように記述されています。

> ④化学変化と電池
>
> 電解質水溶液と2種類の金属などを用いた実験を行い，電池の基本的な仕組みを理解するとともに，化学エネルギーが電気エネルギーに変換されていることを知ること。

「④化学変化と電池」では，電池の基本的な仕組みをダニエル電池を用いて検討することとなりました。電池の基本的な仕組みを生徒に検討させる場合，電子が負極から正極へ移動すること，銅と亜鉛では亜鉛の方がイオンに

なりやすいことが手がかりとなります。こうした手がかりを基に，粒子のモデルを用いて電池の仕組みを説明することが期待されています。

　このように見てみると，化学変化と電池の学習においても一連のストーリーがあることがわかります。ここでも，構成を理解しながら，メリハリをつけた指導計画を立てたいものです。

5 大地の成り立ちと変化を例として

　「第2分野／(5)大地と成り立ちと変化」は，「(ア)身近な地形や地層，岩石の観察」「(イ)地層の重なりと過去の様子」「(ウ)火山と地震」という3つの内容で構成されています。内容のまとまりごとに単元を構成して，一つひとつの単元をていねいに学習することで内容の定着を図ることができます。その一方で，地層及びその構成物，火山，地震等の現象が互いに関連していることは言うまでもありません。例えば，プレートテクトニクスを用いて考えると，大地の成り立ちと変化に関わる事象を総合的に説明できることがわかります。**各単元の内容を個別に学習しつつ，それらを総合化するような機会を授業計画の中に位置付けたい**ものです。

　同様のことが，生物のつくりと働きの学習などについても当てはまります。例えば，動物のつくりと働きであれば，動物の消化・吸収，呼吸，血液循環などの働きを，物質交換と関連させて学習します。授業は消化系に関わる内容，呼吸系に関わる内容，循環系に関わる内容を個別に学ぶことになりますが，動物のつくりと働きという点ではそれらを一体となったものとして総合的に捉えなければなりません。ここでも，学習したことを総合化するような機会を授業計画の中に位置付けたいものです。

6 力と運動を例として

　「第1分野／(5)運動とエネルギー／(イ)運動の規則性／㋐力と運動」は，

以下のように記述されています。

> 第1分野／(5)運動とエネルギー／(イ)運動の規則性／⑦力と運動
>
> 　物体に力が働く運動及び力が働かない運動についての観察，実験を行い，力が働く運動では運動の向きや時間の経過に伴って物体の速さが変わること及び力が働かない運動では物体は等速直線運動することを見いだして理解すること。

また，該当内容の解説は，以下のように記述されています。

> 　例えば，力学台車などを滑らかな水平面上で運動させ，一定の大きさの力を水平に加え続けたときの運動と力を加えないときの運動を比較する。また，加える力の大きさをいろいろと変えたときの運動の様子を予想して実験を行い，その結果を分析して解釈し，加える力が大きいほど速さの変わり方も大きいことを理解させる。（中略）落下運動については，斜面に沿った台車の運動を中心に調べ，斜面上の台車の運動と斜面上を動く台車に働く力の大きさについて，実験を計画して行い，その結果を分析して解釈する活動が考えられる。

　ここを読んでいくと，まず水平面において台車に一定の大きさの力を水平に加え続けたときの台車の運動を調べ，加える力が大きいほど速さの変わり方が大きいことを見いださせることができます。その後，斜面上の台車の運動を調べる実験を行うことを想定しています。斜面の傾きを変化させながら台車の速さの変わり方を調べれば，斜面の傾きを変化させると，それに伴って台車の進行方向に働く力の大きさが変化していることを見いだすことができます。**前半の学習が後半の探究的な活動を支えている**ことがわかります。

年間計画をどう進めるか

1 年間指導計画を策定する際の視点

　通常の授業を中心に，行事等の時間も活用しながら，理科に関する指導の年間計画について考えてみましょう。学習指導要領で示されている学習内容については，学年の中では「指導の順序を示すものではない」とされているので，現場の裁量に委ねられています。考えてみるべき視点をあげてみます。

---

①地域や学校の特有の事情　　　②理科室の数と機能
③単元の内容のつながり　　　　④学校行事との関わり
⑤他教科との関わり　　　　　　⑥継続的な観察
⑦博物館や科学学習センターなどとの連携

---

2 地域や学校の特有の事情

　以前，ある会議で，1年生の理科を第1分野から始めるか，第2分野から始めるかということが話題になったことがありました。ある先生は春の植物の開花時期でもあるので，やはり校庭に出て植物の観察をさせたいとおっしゃり，ある先生は理科室開きでもあるので，物質の区別からスタートするとおっしゃり，ある先生は身近な現象について探究的に取り組ませたいので，光からスタートするとおっしゃっていました。植物の観察から始める先生が

最も多いのではないかと思いますが，先生によって考え方もいろいろなのだと改めて感じました。また，ある北海道の先生とお話しすると，4月はまだ雪が残っていて，とても生物の観察をする状況ではないとおっしゃいました。気候的な要素も関係するのだと，改めて気付かされました。

3 理科室の数と機能

　私は必ず理科室で授業を行います，という先生は少なくありません。生徒実験だけでなく，様々な演示実験や教材提示等を想定し，理科室で積極的に授業を行おうとしていることと思います。
　しかし，校内に理科室が1つしかなかったり，実験に熱心に取り組む先生が多かったりする場合，理科室の調整が難しくなります。加熱器具や薬品の使用頻度が高い化学の単元や，台数の限られている顕微鏡を使用する授業などは，**学年相互で重ならないような工夫をしておく必要があります。**

4 単元の内容のつながり

　例えば，1年の化学領域で微視的な粒子を導入する際，状態変化で導入する先生と，溶解で導入する先生がいます。そのようなこと1つとっても意見が分かれることがあります。また，2年の物理領域で電流を学ぶ際，電流の正体として先に電子を出してから展開しようとする先生と，ある程度学習が進んだところで電子を出そうとする先生がおり，こちらも考え方は様々です。生徒に混乱がないように教科書どおり，というのも1つの見識ですが，**明確な意図があるときには，単元のつながりを検討してもよい**と思います。

5 学校行事とのつながり

　筆者の前任校は，宿泊行事で地学実習を行うことができる恵まれた学校で

したので，地学実習に向けてカリキュラムを組み立てました。林間学校があれば，生徒が実際に自然事象に触れる貴重な機会になります。林間学校の内容に応じた授業を事前に計画することも学習を深めることにつながります。

6 他教科との関わり

例えば，エネルギー領域などで，自然事象を量的・関係的な視点で捉える際，数学における関数や図形の学習と深く関わりをもつことがあります。ヒトの体のつくりと機能を考える場合は，保健が深く関わることがあります。それぞれの教科で教える時期に制約があるので，組み替えは容易ではないですが，少なくとも，生徒がどこでどのような学習を行っているのか，という点は理解しておき，可能な範囲で進度の調整を図れるとよいと思います。

7 継続的な観察

生命領域や地球領域では，継続的な観察が有効な場合がありますが，通常の授業時間内で行えるとは限りません。どの時期であれば継続観察がしやすいか，どこでどのような授業を行えばよいか，検討してみる必要があります。

8 博物館や科学学習センターなどとの連携

地域に科学センターや博物館がある場合，連携の道を探ると世界が広がります。前任校の宿泊行事における地学実習では，実習先の博物館を訪れ，学芸員の方から，その土地の成り立ちについての講義を受けました。私たち理科教員も専門家ではありますが，やはり地域に根ざして研究されている方の言葉には説得力があり，自分自身の研修にもなりました。

博物館や科学学習センターと連携を図る場合，できれば学校側の意図を伝えながら相談し，有意義な授業にしたいものです。

第7章

評価と授業づくり

第7章

定期テストの問題づくりと評価

1 評価のねらいと定期テスト

　評価のねらいは，教師の立場からは生徒の学習状況の把握と指導の改善となりますし，生徒の立場からは自分自身の学習状況の把握と学習の改善となります。評価を機能の面から分類すると，診断的評価，形成的評価，総括的評価に分けて考えることができますが，ここで話題にしようとしている定期テストは，総括的評価の色彩が強いものです。

　総括的評価は「指導後に実施し，指導した内容について，生徒が身に付けた学力の程度の評価であり，成績をつける際の主な材料であり，指導の改善に生かすこともできる」とされています。気を付けておきたいことは，定期テストのように，ペーパーテストを使用した評価法が浸透しているものの，**測定できる生徒の資質・能力には限界がある**ということです。

　知識を問う問題は比較的作成しやすいのですが，技能を問う問題には難しさがあります。実際に紙面で再現できる技能ならばよいのですが，物質を加熱する実験の技能などは，操作する方法や注意事項を知っているだけではなく，実際に操作できるかどうかが問われます。

　思考力や表現力を問う問題も，はじめて出合った問題に対して既習事項を用いて考えさせることができれば，思考力や表現力の問題として成立しますが，**授業の中で経験したことをそのまま問えば，解答のかなりの部分はすでに知識に転化しているものを測定していることになります。**

　しかし，定期テストでは技能や思考力や表現力を問うべきではない，とい

うことを主張しているわけではありません。**定期テストの限界を意識したうえで，実験のレポートを用いた評価，パフォーマンステストを用いた評価，自己評価や相互評価など，多様な評価法を併用していくことが大切**なのだと考えます。そのうえで，定期テストにおいても，断片的な知識ばかりを問うのではなく，より深い理解を見とることができる問題や，技能や思考力の一端を見とることができる問題を作成していきたいものです。

2 授業と定期テスト

　授業を通して資質・能力が身に付いたかどうか，その達成状況を見とるのが定期テストの役割です。したがって，授業の計画段階で，定期テストのある程度のイメージを教師がもっているべきです。教科書会社が作成した指導書や市販の問題集の中にも良問はありますが，最終的には自分が行った授業をベースとした問題を作成することが定期テストの基本です。

　定期テストの対象となる授業の中で，自分は生徒のどのような資質・能力を育成しようとしていたのかを振り返り，まず定期テストの素案を作成します。テストの時間を加味しながら優先順位を決め，問題量が多い場合は優先順位が低いものをカットします。また，問題量が少ない場合は，候補にあがっていないもののうち，より優先順位の高いものを候補に加えます。

　その一方で，筆者は理科を苦手としながらも地道に努力を続けてきた生徒が得点できるような問題も意図的に出題してきました。**基本的な知識のうち，汎用性の高いものは，単純に記憶するものであっても価値がある**と思うからです。また，**思考力が問われる問題についても，その一部については事前に題意を伝えておく**ことがありました。準備をしてしまったらもはや思考力を問う問題ではないという点は先ほど書いた通りですが，準備するプロセスにも意義がありますし，真面目に準備をした生徒が成果を上げることができるからです。

3 資質・能力と問題づくり

　思考力や表現力を評価するつもりの問題が，結局は知識を問う問題であったということはよくあるものです。**知識を再現するのではなく，問題を解く過程で思考が伴うか否かに注意を払うことが重要**です。

　以下の問題例は，液体への浮き沈みの結果でプラスチックの正体を明らかにする問題です。この問題は，知識を関連付けないと正答に到達できない構成になっています。

問題例

　プラスチック片A～Cの正体はわかっていませんが，プロピレン（PP），ポリスチレン（PS），ポリエチレンテレフタラート（PET）のいずれかであることはわかっています。

　そこで，図1のように，水と飽和食塩水を用いてプラスチック片の浮き沈みを調べました。

　実験を行ったところ，プラスチックA～Cの浮き沈みは表1のような結果になりました。表2のプラスチックの密度を参考に，A～Cの正体をそのように考えた根拠を示しながら書きなさい。

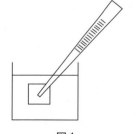

図1

	水	飽和食塩水
A	浮いた	浮いた
B	沈んだ	浮いた
C	沈んだ	沈んだ

表1　実験結果

	密度（g／cm³）
PP	0.90～0.91
PS	1.05～1.07
PET	1.38～1.40

表2　プラスチックの密度

4 選択式の問題の意義

　「次のア〜エより適切なものを選び，記号で答えなさい」などというような選択式の問題は，一般にやさしく取り組みやすいという印象があります。様々な学力の生徒がいることを考えれば，記述問題だけでなく選択式の問題を入れていくことも現実的な対応ですし，採点の効率も気になるところです。
　しかし，選択式の問題は上記のような理由だけで設定するわけではありません。選択肢として生徒が混乱しやすいものを入れておいたり，誤解しやすいものを入れたりしておけば，**誤答の傾向から，生徒が何につまずいているのかを見とることができ，その後の指導に生かすことができます。**

問題例
　種類の異なる豆電球（1.5Vと2.5V）を直列につなぎ，図のように接続したところ，どちらの豆電球も光りました。以下のア〜カはこのときの豆電球に流れる電流，豆電球にかかる電圧，明るさについて述べたものです。正しいものをすべて選び，記号で答えなさい。

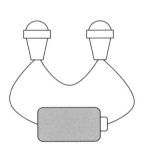

ア　豆電球に流れる電流はどちらも等しい。
イ　豆電球にかかる電圧はどちらも等しい。
ウ　豆電球に流れる電流は異なる。
エ　豆電球にかかる電圧は異なる。
オ　豆電球はどちらも同じ明るさになる。
カ　豆電球の明るさは異なる。

定期テストの問題づくりと構成

1 評価のねらいと問題構成

　定期テストで出題される大問は，いくつかの小問が集まってできています。小問にもそれぞれねらいがあり，大問を解くことを通して，様々な資質・能力を見とることができるようになっています。

　まずは，ご自身のテスト問題作成を振り返って，以下のような問題点がないか，チェックしてみてください。

> ○前半の小問で問うたことと同じことを繰り返しており，限られた問題数の中でもったいない問い方をしている。
>
> ○ある小問の解答が，別の小問のヒントとなってしまい，本来の資質・能力が測定できない。

　大問ができた後に，小問の構成を再度見直し，大問全体としてどのような資質・能力を測定しようとしており，それぞれの小問がどのような役割を果たしているのかを考えておきたいものです。

　次ページの問題は，質量保存の法則の深い理解を問う問題です。問1と問2を同時に問うこともできますが，**あえて分けて出題することで，生徒の状況を段階的に見とることができます。**

　問1を正解できる生徒は，反応に関わる物質の総量は変化しないというこ

とについての基本的な理解がされていると判断することができます。問2を正解できる生徒は、さらに質量保存の法則を気体の出入りと関連付けて理解していることがわかります。

質量保存の法則の問題例

酸素を満たしたスチールウールをはさんだゴム栓つきの電極を取り付け、図のような装置を組み立てました。容器は密閉されています。装置全体の質量を量ったところ、Agを示しました。電流を流してスチールウールを燃焼させた後、装置全体の質量をはかったところ、Bgを示しました。さらに、ピンチコックをゆるめて装置全体の質量を量ったところ、Cgを示しました。

以下の問いに答えなさい。

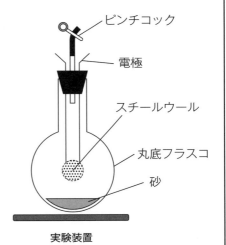

実験装置

問1　AとBの大小関係として適切なものを、下のア〜ウより1つ選び、記号で答えなさい。
　　　ア　A＞B　　イ　A＝B　　ウ　A＜B

問2　BとCの大小関係として適切なものを、下のア〜ウより1つ選び、記号で答えなさい。
　　　ア　B＞C　　イ　B＝C　　ウ　B＜C

問1は質量保存の法則を漠然と理解しているだけでも，ある程度，正解を導くことが可能ですが，問2は気体の出入りについて検討しないと，正解を導くことができません。

2 問題の数珠つなぎ

問題の構成が数珠つなぎになっている場合があります。

例えば，大問が3つの小問から構成されているような場合，まず小問1を解き，その解答を基にして小問2を解き，その解答を基に小問3を解く，というようなものです。

問題の内容にもよりますが，たまたま小問1が不正解になってしまった生徒は，自動的に小問2も小問3も不正解になってしまいます。このような問題構成はリスクが大きく，**点数が必ずしもその生徒の達成状況を表しているとは言えないことになります。**

注意が必要な問題構成です。

3 問題を解く前提

定期テストは，授業を受けた生徒を対象としてつくられているので，問題を解くための大切な前提が，問題文の中から漏れてしまっていることがあります。

もちろん，解答に影響しない些細なことについては，生徒に対して，「常識的に考えなさい」と言えば済みますが，重大な前提が抜けている場合には，生徒に対して「授業でやったとおりに決まっているだろう」と強気に出るわけにもいきません。

やはり，思考力を問う問題では，**思考の材料となる事実や根拠につながるヒントが問題文の中に位置付けられているかどうかをチェックをしておきたい**ものです。

定期テストは，教員同士で見せ合う場面が少ないので，気を付けないと独りよがりになりがちです。たまには，親しい仲間同士で，自分の問題を見せ合うのも勉強になります。

実験のワークシートの評価と指導

1 目的

　少し前までは，実験の目的の欄にはすでに教師によって実験の目的が書かれている場合が多かったのですが，最近では，生徒に目的を書くように指示することが増えてきたように感じます。

　この「目的を書く」ということにも2種類あります。1つは，教師があらかじめ用意した目的を授業の冒頭で示し，それを生徒が書き込むというスタイルです。目的を意識化するという意味では効果がありますが，目的そのものは生徒が設定したものではありません。それに対して，問題を把握する段階から探究的に学習を進めてきた場合は，生徒の言葉で目的を記述することができます。問題の解決に向かう検証可能な課題であるかを評価し，助言をするようにします。

　目的の評価と指導は，探究の過程に沿って適宜行っていかないと，方向を誤った生徒の傷口を広げることになります。生徒の思考を促しつつ，助言を行いたいところです。

2 準備したもの

　いろいろな項目名が考えられますが，実験を行うに当たって準備したものをあげておきます。方法のところでも触れますが，単に「ビーカー」ではなく，ビーカーの規格も書いておくことは，実験を再現する場合の重要な情報

につながります。銅板や亜鉛板を使用する場合はサイズを記入したり，水溶液を使用する場合は濃度を記入したりします。

3 方法

　実験の目的に沿って方法が記述されているかどうかが大切です。どの程度詳しく書けばよいのかという質問を生徒から受けることがありますが，**まだやったことのない同級生が読んで実験を再現できるぐらいの詳しさで書くように指導します**。テキスト情報ばかりではわかりにくく，文字数ばかりが増えるので，適宜図を有効に用いて書かせるようにします。また，そうは言っても，図だけでは独りよがりになりがちなので，図の意味するところを文章で補うことも忘れないように指導します。

　実験を行う前であれば，実験の目的を基に，「もしも自分の考えが正しいとすれば，このような結果になるはずだ」という見通しをもたせたいものです。

4 結果

　結果は，五感で感じ取った事実や，機器を使用して得たデータなどを指しています。自分の考えを加えたものでないことに注意するように指導します。だからといって，ただ事実を羅列して記述すればよいというものでもありません。例えば，質的に比較しているような実験では，実験結果を比較できるように整理して示す必要があります。数量を関係付けるような実験では，変数を意識しながら表にまとめる必要があります。単純に結果のまとめ方を指示するのではなく，生徒には**得られた結果をどのように示すことがこの実験では合理的であるのかという点を考えさせ，評価するようにします**。わかりやすい例は学級全体で共有するとよいでしょう。

5 考察

　目的に正対した結論を主張するとともに，結果から結論に至った根拠を記述することがここでは大切です。自分が考えていた通りの結果が出なかった場合，考察欄に「実験は失敗だった」と記述する生徒がいますが，**失敗だけで終わらせず，なぜそのようになったのかという点についても，考察させたい**ものです。そのことが，実験をただ成功させた班よりも，より深い気付きを促すこともあります。

6 その他の欄

　「その他に気付いたこと」ということで，自由に記述する欄を設けている先生もいらっしゃいます。**教師が意図したこと意外にも生徒は様々な事象に注目しており，それらは学習に広がりをもたせることが多い**ものです。また，新たな課題に気付いている生徒を発見することにもつながり，その後の授業の進め方について示唆をもらうことができます。

　「感想」という欄を設ければ，生徒の学習に向かう態度や，学習への情意面での姿を見取ることができます。その他の欄もぜひ検討してみたいものです。

第 8 章

教員を目指す学生，若手教師と授業づくり

CHAPTER
8

第8章

教育実習生の指導

1 わかっていないことに気付かせる

　筆者も，少し前まで中学校現場で直接教育実習生の指導を行っていました。教育実習にやってくる学生の多くは真面目であり，意欲的に実習に取り組もうとしています。しかし，実際に実習が始まってみると「わかっていない」と感じる点が見つかります。それらの一つひとつが，教育実習の課題となっていきます。

　教育実習に対しては，ある程度完成した学生がやってきて，最後の総仕上げを行うというような感覚をもっている先生もいますが，授業実践という点ではまだまだこれからであり，**少し年齢の高い生徒の担任になったというぐらいの気持ちで指導に取り組みたい**ものです。公立中学校の研修会で教育実習の教え子と再会したことがありましたが，「教育実習の経験が，理科の教師としての原点になっています」という言葉をもらい，うれしかったのと同時に，改めて教育実習指導の大切さを感じました。

　学生たちが出会ってきた恩師の授業にもよるのかもしれませんが，やはり学習内容を教える，教わるというだけの授業スタイルから抜け出せていない学生が少なくありません。最初の授業観察などで学生にコメントを求めると，説明がわかりやすい，板書がきれいである，声が通りやすい，実験が興味深いなど，表層的な内容が中心で，**この授業の目的は何なのか，生徒がどのように課題を把握し，どのように課題を探究し，どのように課題の解決を図っているのか，そのために教師はどのような手立てを行っているのか**，といっ

た点に注目した発言は極めて少ないものです。授業に対する見方・考え方を備えていなければ，これは当然のことなのかもしれません。学習指導要領が資質・能力の育成をベイスとしたものに転換していく中，次の世代を担う学生の指導の場として，教育実習はますます重要な意味をもっていますし，大学の講義だけでは得られない強烈なインパクトがあるはずです。

2 授業を見せて,語らせ,語る

　習うより慣れた方がよいという方針があるのかもしれませんが，教育実習で，最初から学生に授業を実践させる例が少なくありません。筆者は**まず自分の授業を含めて，現職の教員の授業をじっくりと観察させるのがよい**と考えています。学生には参観者の立場から，授業で感じたことを率直に語らせるとともに，授業者自身もどのような意図で授業を行い，うまくいった点や，課題として残った点などを率直に語るようにしてきました。後で学生のコメントなどを読んでいると，授業観察によって中学生の実態の一端を知ることができたり，学生自身では気付かなかった様々な視点や要素で授業が形づくられていることに気付いたりしていることがわかります。

3 何をしたいのかを認識させる

　授業観察とともに，実習生は自分が実践する指導案の作成を進めなければなりません。筆者の場合は，指導案を書かせる前に，Ａ４で１枚程度の略案を提出させるようにします。この段階で，この授業を通して，生徒に何を学ばせようとしているのか，それによって，どのような資質・能力を育成しようとしているのか，そのために，指導者としてどのような手立てが考えられるのかを時間をかけて議論しておきます。時間がないときや，学生の手に負えないと判断したときは，こちらから具体的な案を提示することもありますが，時間に余裕があり，学生に検討する余地がありそうな場合は，課題を指

摘しながら，どうするかを問いかけ，少しずつ方針を練り上げていくようにします。「こんなものは指導案じゃない，もう一度自分の頭で考えなさい」という指導を見聞きすることがあります。学生の実習に向かう姿勢が明らかに怠惰な場合もありますが，指導案の完成の見通しが立たず，ただただ萎縮してしまっている学生もいます。**普段から指導している自分の生徒と同様，学生の実態を捉え，見通しをもたせることが指導の基本**であると思います。

4 授業に参加させる

　授業の中で生徒の班活動などが設定されている場合，チャンスがあれば，**指導教員の授業に実習生を TT として参加させる**という方法もあります。あらかじめ実習生には自分の授業の意図と TT の役割を伝えておき，班ごとの実験や話し合いを支援するように指示します。

　生徒に主体的に関わることで，生徒の実態把握ができますし，生徒と直接関わる機会が生まれます。こうした取組は，実習生の授業実践に効果的に働きます。

5 授業を実践させる

　事前の様々な指導を経て，ようやく実習生が授業を行います。気になる点は多々ありますが，授業をさせる以上，基本的には見守ることに徹し，手を出さないようにします。実際に現場で教壇に立った場合は，すべて自分の裁量で授業を行わなければならないわけですから，その感覚を大切にしたいところです。いたたまれなくなった指導教員が実習生の授業を中止し，後ろの黒板を使用しながら授業を再開したという逸話を聞いたことがありますが，ここは我慢です。**授業実践の後に実習生に指導を行うとともに，生徒には別の機会にフォローすることを考えます。**

6 授業を振り返る

　最初の授業では，落ち込むぐらいがちょうどよいのではないでしょうか。そのような学生には，前向きに取り組んだ点を評価し，課題となった点を指摘しつつ，改善策を指導するようにします。はじめの授業にそれなりに満足し，根拠のない自信をもっている学生もいます。自身の課題に気付かせるような具体的な指導が必要です。

　2度目以降の授業では，できるだけ進歩した点を認め，より高い目標設定を行うようにしていきます。授業の評価の最も大切なポイントは，生徒の資質・能力の育成に寄与することができたのか，という点です。これは，実習生だけでなく，現場の教師にも共通する課題です。授業者が感覚的に今日の授業はいつもよりもうまくいったと感じるとき，あるいはうまくいかなかったと感じるとき，そのカンは当たっていることが多いと思いますが，できれば**抽象的な印象に終わらせず，生徒の発言，ワークシートの記述，ノートの記述などを分析し，具体的な生徒の姿から授業実践を振り返ることも大切に**したいものです。

7 実習は厳しく，そして，あたたかく

　教育実習を終えた学生が指導教員から「君は実習生としては合格だが，教員としてはまだまだ」という言葉をいただき，前向きな気持ちになったと報告してくれました。先生の厳しく，あたたかい指導が目に浮かび，忙しい日々の校務の合間で指導をしてくださった先生方に頭が下がる思いです。

　教員の置かれている厳しい勤務状況が大きく報道されるようになりました。こうした点は改善が望まれますが，一方，「やりがい」という点では，他の職業より高いという調査結果もあります。厳しさと覚悟，そして教員の魅力を感じられるような教育実習でありたいと思います。

若い先生方へ

1 観察し，主体的に考える

　いよいよ現場の教壇に立ち，授業実践が始まります。このときの新鮮な気持ちは，ときどき思い出さなければ，と思います。授業づくりについては学習指導要領で規定されてしまっているという考え方もありますが，学習内容や指導法について大綱的なものが示されているだけです。個々の授業者に委ねられている裁量の幅は意外に広いのではないでしょうか。そこが，授業づくりのおもしろさなのですが，一人で自立的に授業を行うことを考えると，新人の先生にとっては不安なところかもしれません。

　筆者の初任校は，八王子の公立中学校でしたが，当時，若手の熱血漢の先生と，ベテランの実力派の先生がいらっしゃり，授業時間割内に教科会の時間をつくってくださいました。そこで，理科の授業のことや，科学の話題について気軽に語ることができました。また，授業はいつ見に来てもよい，という雰囲気だったので，私も勉強になったことを覚えています。ぜひ**多くの授業を観察し，自分だったらどうするかを主体的に考えてみたい**ものです。

2 広い視野で指導法を見る

　授業を観察する際は，いかに生徒の資質・能力が育っているかという点が大切であり，そのために，教師は様々な手立てを用いながら指導を行っています。教師の指導だけに注目するのではなく，それによって生徒の言動がど

のように変容しているのかという点にも合わせて注目します。よい授業を観察することも勉強になりますが，うまくいかない授業を観察することもよい勉強になります。ただの評論家になるだけならば，そこで終わってしまいますが，なぜ生徒の資質・能力を育成できないのだろうか，自分ならばどのような手立てを考えるのだろうか，ということを繰り返し問いながら自分自身の実践を充実させていくことで，個々の教師の資質・能力も伸びていくのだと思います。

若いころは，優れた実践に出合うと，その指導法に心酔し，拘泥してしまうことがありますが，**まわりを広く見渡してみると，様々なタイプの指導が成果を上げていることがわかります**。それとともに，他者の指導法をそのまま自分自身の授業実践に当てはめてみても，うまくいかないことにも気付きます。ぜひ，若く柔軟な目で，様々なタイプの指導法に接しながら，自分自身の指導法を確立していかれることを願います。

3 研究会や公開授業研究会等に参加する

小規模校となると，校内に理科の教員が一人しかおらず，授業づくりについて相談したくても，なかなか相手がいないということを感じている方もいることと思います。複数の理科教員がいる学校でも，それぞれの教員の教科指導に向かうスタンスが異なったり，気軽に話し合える同世代の教員がいないといった悩みを抱えている方もいるかもしれません。

自治体によっては，研究員を募集し，期間を定めて教科指導に関わる研究を行う制度を設けているところもあります。そうしたところに手をあげれば，他校にも教科指導について語り合う人間関係が生まれます。また，国立大学の附属学校や地域の研究指定校などでも盛んに授業を公開しています。日々の忙しい中で時間を生み出すのは大変だと思いますが，**常に新しいものを体に入れながら，自分自身の実践を相対化し，アップデートを繰り返していけるような教員になりたい**ものです。

【著者紹介】
宮内　卓也（みやうち　たくや）
東京学芸大学教育実践研究支援センター教育実習指導部門准教授
1966年，東京都生まれ。1989年，東京学芸大学教育学部卒業。2011年，同大学大学院修士課程修了。八王子市立横山中学校教諭，八王子市立加住中学校教諭，東京学芸大学教育学部附属世田谷中学校教諭，東京学芸大学附属世田谷中学校主幹教諭を経て2016年より現職。
専門は教員養成，理科教育。
中学校学習指導要領解説理科編（平成29年7月）作成協力者。
中学校理科教科書編集委員（啓林館），日本理科教育学会会員，日本化学会教育会員。
（著書）
『中学校理科　授業を変える板書の工夫45』，『中学校理科の授業づくり　はじめの一歩』（以上単著，明治図書），『板書とワークシートで見る全単元・全時間の授業のすべて　中学校理科3年1分野』（編著，東洋館出版社），『イラストでわかるおもしろい化学の世界』1～3（共著，東洋館出版社）等

中学校　新学習指導要領　理科の授業づくり

2018年7月初版第1刷刊	©著　者	宮　　内　　卓　　也
2021年7月初版第3刷刊	発行者	藤　　原　　光　　政
	発行所	明治図書出版株式会社

http://www.meijitosho.co.jp
（企画）矢口郁雄　（校正）大内奈々子
〒114-0023　東京都北区滝野川7-46-1
振替00160-5-151318　電話03(5907)6701
ご注文窓口　電話03(5907)6668

＊検印省略　　　組版所　長野印刷商工株式会社

本書の無断コピーは，著作権・出版権にふれます。ご注意ください。

Printed in Japan　　　　ISBN978-4-18-286511-4
もれなくクーポンがもらえる！読者アンケートはこちらから

主任から校長まで学校を元気にする チームリーダーの仕事術

玉置 崇 著

職員の心を動かすとっておきのフレーズ、仕事が驚くほどうまく片づく時間のやりくり、職員室の雰囲気づくり…など、スーパー校長が明かすとっておきの仕事術。学年主任から教務主任・研究主任、教頭・校長まで、学校の中核を担うチームリーダー必読の1冊。

もくじ

- 序章　「いい学校」とは何か？
- 1章　職員の働きやすさはリーダーの仕事にかかっている
- 2章　職員のパフォーマンスを上げるリーダーの仕事術10
- 3章　職員のチーム力を上げるリーダーのスキル10
- 4章　役職別学校のリーダーの仕事術

148ページ／A5判／1,800円+税／図書番号：1458

明治図書　携帯・スマートフォンからは　**明治図書ONLINEへ**　書籍の検索、注文ができます。　▶▶▶

http://www.meijitosho.co.jp　＊併記4桁の図書番号（英数字）でHP、携帯での検索・注文が簡単に行えます。

〒114-0023　東京都北区滝野川7-46-1　ご注文窓口　TEL 03-5907-6668　FAX 050-3156-2790

＊価格は全て本体価格表示です。

中学校理科 授業を変える 課題提示と発問の工夫50

続々重版中!

Yamaguchi Akihiro
山口晃弘 著

学習課題と発問を通して理科授業の本質に切り込む!

理科の授業づくりを考えるうえで欠かすことができない2つの要素、課題と発問。生徒が思わず授業に引き込まれる魅力的な課題とその提示の工夫、課題を生徒自身の問いにまで転化させる発問の工夫を、中学3年間の各領域の内容に沿って具体的な授業展開の中で紹介します。

顕微鏡の使い方を相互評価しよう（生物の観察）／恐竜の足跡は化石と言えるでしょうか？（地層の重なりと過去の様子）／水道管には反発し、定規には引き寄せられるのはなぜでしょうか？（静電気と電流）／固体の塩化ナトリウムに電流は流れるでしょうか？（水溶液の電気伝導性）／科学的な根拠に基づいて意思決定しよう（自然環境の保全と科学技術の利用）　ほか

152ページ／A5判／2,100円+税／図書番号：1849

生徒が追究したくなる課題　答えたくなる発問が授業展開の中でわかる！

明治図書　携帯・スマートフォンからは　**明治図書ONLINEへ**　書籍の検索、注文ができます。　▶▶▶

http://www.meijitosho.co.jp　＊併記4桁の図書番号（英数字）でHP、携帯での検索・注文が簡単に行えます。

〒114-0023　東京都北区滝野川7-46-1　ご注文窓口　TEL 03-5907-6668　FAX 050-3156-2790

＊価格は全て本体価格表示です。

中学校理科 授業を変える 板書の工夫 45

Miyauchi Takuya
宮内卓也 著

板書を通して理科授業の本質に切り込む！

導入、観察・実験の考察、多様な考えやデータの共有、学習内容のまとめなど、中学3年間の各領域の授業の様々な場面を取り上げながら、多数の実物写真に基づいて板書と授業づくりの工夫を徹底解説！生徒の学習活動まで計算し尽くされた板書例が満載です。

実物板書が満載！

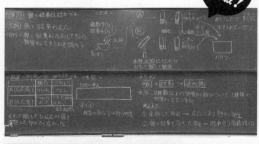

136ページ／A5判／1,800円+税／図書番号：1848

明治図書 携帯・スマートフォンからは **明治図書ONLINEへ** 書籍の検索、注文ができます。▶▶▶

http://www.meijitosho.co.jp ＊併記4桁の図書番号（英数字）でHP、携帯での検索・注文が簡単に行えます。

〒114-0023 東京都北区滝野川7-46-1 ご注文窓口 TEL 03-5907-6668 FAX 050-3156-2790

＊価格は全て本体価格表示です。